The Illogic of Innovation

혁신의 비논리

모순을 통해 혁신리더십을 키우는 방법

군터 헤르(Gunther Herr) 편저

(주)슈타인바이스기술혁신센터 역 | 서주원 · 이기왕 감수

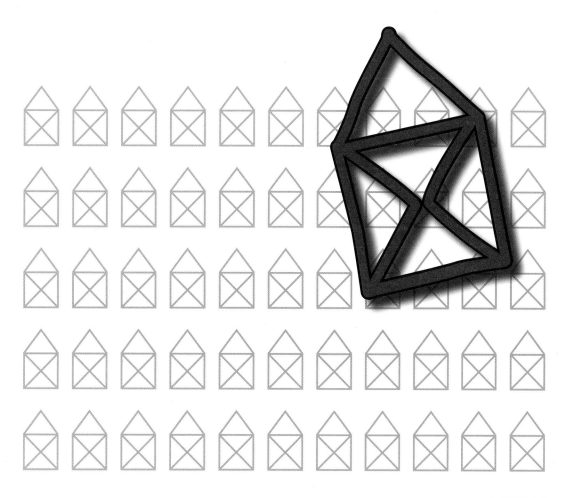

박영사

혁신의 비논리

: 모순을 통해 혁신리더십을 키우는 방법

초판발행   2021년 8월 20일

지은이   Gunther Herr
옮긴이   (주)슈타인바이스기술혁신센터
감 수   서주원 · 이기왕
펴낸이   (주)슈타인바이스기술혁신센터

편 집   김민조
기획/마케팅   장규식
표지디자인   이미연
제 작   고철민 · 조영환

펴낸곳   (주) **박영시**
             서울특별시 금천구 가산디지털2로 53, 210호(가산동, 한라시그마밸리)
             등록 1959. 3. 11. 제300-1959-1호(倫)

전 화   02)733-6771
f a x   02)736-4818
e-mail   pys@pybook.co.kr
homepage   www.pybook.co.kr
ISBN   979-11-303-1345-0   93320

* 파본은 구입하신 곳에서 교환해 드립니다. 본서의 무단복제행위를 금합니다.
* 역자와 협의하여 인지첩부를 생략합니다.

정 가   18,000원

감수자 약력

서주원

KAIST(한국과학기술원) 재료공학과에서 학사, 석사, 박사 졸업 후 삼성전기(주)에서 휴대폰 필터 개발팀에서 근무하였다. 이후 두 곳의 스타트업에서 전략기획 및 마케팅 담당 임원으로 근무하였으며, 2006년 ㈜이디리서치를 설립하여 현재까지 대표이사로 재직하고 있다. 기술거래 및 사업화 전문회사인 ㈜이디리서치에서 10년 이상 국내 중소기업의 혁신역량 강화 및 대학, 연구소의 R&D 성과 확산을 위한 기술혁신 활동을 해오고 있으며, 이러한 노력과 성과를 인정받아 2013년 산업통상자원부 장관상과 2014년 대통령상을 수상하였다. 또한, 2014년 ㈜슈타인바이스기술혁신센터(STIC)를 설립하여 WOIS 연구소의 전략적 파트너로서, 국내 기업에게 애로기술해결 및 혁신전략을 통한 글로벌 성장 지원 활동 등을 추진해 오고 있다.

이기왕

KAIST(한국과학기술원) 수학과에서 학사 및 산업공학과에서 석사 졸업 후 삼성항공(주) 연구소에서 소프트웨어 개발 업무를 하였다. 이후 알티캐스트에서 소프트웨어 품질보증 담당 그룹장으로 근무하였으며, 2008년부터 ㈜이디리서치의 글로벌사업본부장으로 재직하고 있다. ㈜이디리서치에서 2011년부터 5년 동안 슈타인바이스재단 및 WOIS 연구소와 함께 기술혁신인력양성을 위한 글로벌 교육 프로그램을 운영하였다. 그리고, 2014년 ㈜슈타인바이스기술혁신센터(STIC)의 초대 센터장을 역임하였으며, 국내 기업의 글로벌 진출 및 혁신성장 지원 활동 등을 추진해 오고 있다.

슈타인바이스재단(https://www.steinbeis.de/en.html)
WOIS 연구소(https://www.wois-innovation.de/en/)

한스위르겐 린데(Hansjürgen Linde)

1944 – 2011

설립자, 선구자, 혁신가, 리더이자

영감을 준 스승에게 바칩니다.

차례

머리말

'혁신의 비논리'는 여러 산업분야에서 다양한 프로젝트를 통해 얻은 집약적인 실무 경험지식과 이와 연계된 수년에 걸친 과학연구의 집약체이다. 지난 몇 년 동안 비즈니스 모델의 재해석인 '새로운 비즈니스 개발', '파괴적 혁신' 및 글로벌 디지털화로 산업 혁명에 준하는 발전이 이루어졌다. 이러한 맥락에서 변화는 위협이다. 얼마 전까지만 해도 생각하지 못했던 메커니즘이 비즈니스 모델에 도입되고 있는 것이다. 새로운 차원의 자유를 사용함으로써 비선형적 성장이 가능해지며, 그러한 발전은 모든 변화와 함께 더 높은 발전 단계로 가는 추상적 패턴에 기반한다는 것을 알 수 있다. 이 책에서는 기본적인 패턴에 대해 논의하고 구체적인 예를 통해 온라인으로 근거를 제시한다. 이 책 '혁신의 비논리'의 의도는 여러분들을 흔들어 깨우는 것이다. 과거 산업화 시대에서는 논리적인 전략이 안정적인 성장 및 경쟁우위를 보장해 주었다. 그러나 오늘날 이 시대에서는 더 이상 이러한 전략으로는 충분하지 않다.

오늘날 제기되는 문제는 다음과 같다: '당신은 당신의 현재 비즈니스 모델을 가장 위협하는 개발을 진행하고 있는가?' 혁신적인 접근방식은 기존의 규칙을 깨고 논리를 초월하는 새로운 차원의 자유를 창출한다. 오늘날 상상할 수 없는 무언가를 성취하는 것이 미래의 경쟁력을 좌우한다. 이를 위해 우리는 모순을 영감의 원천으로 만드는 새로운 사고방식이 필요하다. '합' 도출이 모순적 사고로 해결할 수 있는 핵심 과제이다. '타협'으로 해결하려는 고전적, 논리적 방식으로는 부족하다. 어떤 목표도 완전히 성취할 수 없다는 측면에서 모든 타협은 불완전한 해결책이기 때문이다. 무질서하고 불확실성이 높아지는 환경에서는 추론과 예측의 정확성을 높여주는 방법이 필요하다. 비선형적 변화의 시기에 과학적 근거를 갖춘 방향설정 방법에 의한 신속한 대처가 요구된다. 이러한 방향설정 방법은 기존의 사고 장벽을 뛰어 넘어 새로운 발전방향에 대한 영감의 원천이 되고 있다. 구조화된 WOIS(모순지향적 혁신전략) 프로세스에 의한 비논리적인 모순지향적 사고의 전개는 새로운 접근방식을 설계할 수 있는 창의적인 자유를 제공한다. 이러한 자유는 관련된 사람들의 사고방식이 상호 간에 영감을 허용하는 경우에만 발생할 수 있다. 따라서 이 책이 독자들에게 자신의 견해와 신념에 대해 의문을 가질 수 있는 자극제가 되기를 바란다.

이 책은 WOIS 연구소에서 수행한 수십 년간의 연구와 프로젝트 작업에 대한 지식과 경험을 요약한 것이다. 많은 이해 관계자들의 적극적인 지원이 없었다면 출간이 불가능했을 것이다. 먼저 설립자인 한스유르겐 린데 교수(Prof. Dr.−Ing. Hansjürgen Linde)와의 개인적인 협업을 통해 수년간 얻은 영감에 대해 감사드린다. 린데 교수는 팀 전체의 삶에 큰 영향을 미쳤다. WOIS 모델을 개발하는 데 과학적으로 지원해준 필자의 친구이자 동료인 빈(Wien)대학교 물리학과의 헤르베르트 피치만(Herbert Pietschmann) 명예교수께도 매우 감사드린다. 모순이론에 대한 피치만 교수의 역사적인 고찰은 WOIS 모델의 발전을 뒷받침 해주는 견고한 근거가 되었다. 동시에 생물체의 신진대사 순환에 관한 통찰을 접목하여 WOIS 시스템 이론에 대한 공학적 관점을 새로운 수준으로 끌어 올려준 베르너 슝크(Werner Schunk) 교수에게도 감사드린다.

하나의 좋은 이론보다 더 실용적인 것은 없다. 그러나 사례가 없으면 연관성이 결여된다. 임마누엘 칸트의 말을 인용해 표현하자면 말이 없는 그림은 공허하고 그림 없는 말은 내용이 없다. 그러므로 책과 온라인에서 제시된 예를 출판할 수 있도록 우호적으로 허가해 준 모든 참여기업에 특별히 감사드린다. 달레(Dahle), 에르푸르트 존(ERFURT & SOHN), 힐티(Hilti), 쇼트(SCHOTT), 슈틸(STIEL) 및 포르베르크(Vorwerk) 그리고 온라인상에서 계속 실질적인 예를 연구할 수 있게 해 준 기업들에게도 큰 감사를 드린다.

책의 삽화작업을 지원해준 그라츠(Graz)의 옛 동료 안드레아스 레클라우(Andreas Rehklau) 그리고 밤베르크(Bamberg) 메디엔레아크토르(medienreaktor®) 에이전시의 안드레아스 피셔(Andreas Fischer)에게 감사드린다.

무엇보다 공동저자이며 WOIS 연구소의 파트너인 아르투르 게어거트, 마티아스 그라들, 미카엘 레흐너, 우베 노이만, 안드레 니즈메, 다니엘 라인하르트 그리고 마티아스 쉐퍼, 이들의 열정, 경험 및 창의성이 아니었다면 '혁신의 비논리'가 출판될 수 없었을 것이기에 개인적인 감사의 말씀을 전한다.

군터 헤르 박사

저자 소개

군터 헤르 박사

군터 헤르(Gunther Herr)는 코부르크(Coburg)대학과 영국 허더스필드(Hudders-field) 대학에서 수학했다. BMW의 혁신경영부서에서 일하며 박사학위를 취득한 후, 2000년 코부르크의 혁신연구 및 기업개발을 목적으로 하는 WOIS 연구소의 파트너가 된다. WOIS 연구소의 핵심역량은 전문가들과 함께 가장 광범위한 개발 장벽을 찾아내고 이러한 장벽을 해결하기 위해 전략적 방향툴을 사용하여 새로운 관점을 개발 및 구현하는 것이다.

군터 헤르는 베를린 슈타인바이스(Steinbeis)대학 EMBA 과정에서 '전략적 혁신'을 담당하고 있다. 프라하대학과 코부르크대학에 출강하고 있으며 크로나흐(Kronach) 혁신센터 자문위의 부위원장과 〈혁신경영지원〉이라는 간행물을 출간하고 있는 디젤메달 이사회의 과학자문위원을 역임하고 있다.

아르투르 게어거트

아르투르 게어거트(Arthur Gergert)는 코부르크대학 기계공학과에서 혁신제품 개발에 대해 중점적으로 공부하였으며, 에어랑엔-뉘른베르크의 FAU(FAU Erlangen-Nürnberg) 대학에서 기업경영을 전공했다. 2010년부터 혁신연구 및 기업개발을 목적으로 하는 WOIS 연구소의 파트너로서 기업의 전략적 혁신 로드맵 개발 및 구현 컨설팅을 담당하고 있다.

마티아스 그라들

1970년생 마티아스 그라들(Matthias Gradl)은 코부르크 응용과학대학에서 제품 개발에 관한 주제로 기계공학 석사학위(Dipl.-Ing.(FH))를 받았다. 1999년부터 혁신연구 및 기업개발을 목적으로 하는 WOIS 연구소의 파트너로 다양한 업계에서 글로벌 기업들 및 중소기업들의 구조 조정을 위한 혁신전략의 개발 및 실행 분야를 컨설팅 해왔다.

이 분야와 관련된 다양한 출판물의 공동저자이다. 2011년 베를린의 슈타인바이스대학, 시카고의 드폴대학 및 인디아나대학교의 켈리 비즈니스스쿨에서 MBA를 취득했다.

미카엘 레흐너

1971년생 미하엘 레흐너(Michael Lechner)는 코부르크 응용과학대학에서 제품개발에 중점을 둔 기계공학을 전공했다. 1999년 석사학위(Dipl.−Ing.(FH))를 취득한 후, 혁신연구 및 기업개발을 목적으로 하는 WOIS 연구소의 파트너가 되었다. 이후, 제품 및 프로세스 개발뿐만 아니라 전략적 기업 방향수립 분야에서 혁신프로세스를 추진하기 위해 글로벌 기업들과 수많은 프로젝트에서 그리고 다양한 산업분야에서 컨설턴트로 일하고 있다. 여러 출판물의 공동저자로 2015년 베를린의 슈타인바이스대학, 시카고의 드폴대학 및 인디아나대학의 켈리 비즈니스스쿨에서 MBA를 취득했다.

우베 노이만

1967년생 우베 노이만(Uwe Neumann)은 기계공학 석사학위(Dipl.−Ing.(FH))와 MBA를 보유하고 있으며, 비즈니스모델, 기업, 제품개발 분야에서 WOIS 혁신 컨설턴트 및 프로젝트 책임자로 활동하고 있다. 1991년에 설립된 혁신연구 및 기업개발을 목적으로 하는 WOIS 연구소의 공동설립자로서, 항상 미래지향적인 마인드로 혁신연구와 신개발에 종사해 왔다. 혁신프로젝트들의 지도자로서 25년 넘게 혁신워크숍의 준비와 진행 및 새로운 해결책들의 실행을 책임지고 있다.

안드레 니즈메

안드레 니즈메(André Nijmeh)는 코부르크 응용과학대학에서 혁신적 제품개발을 주제로 기계공학을 전공한 뒤 FAU 에어랑엔−뉘른베르크에서 MBA과정을 마쳤다. 2009년부터 혁신연구 및 기업개발을 목적으로 하는 WOIS 연구소의 파트너로서 대기업 및 중소기업들의 혁신전략 개발 및 구현에 대해 컨설팅하고 있다. 상기 분야에 관한 다양한 출판물의 공동저자이다.

다니엘 라인하르트

다니엘 라인하르트(Daniel Reinhart)는 코부르크 응용과학대학에서 혁신적 제품 개발을 주제로 기계공학을 전공했다. 2011년 석사학위(Dipl.−Ing.(FH))를 취득한 후 코부르크의 WOIS 혁신연구 및 기업개발 연구소의 파트너가 되었다. 이후 제품혁신, 프로세스혁신과 비즈니스모델 혁신 분야에서 다양한 산업분야 기업들을 컨설팅하고 있다. 2016년부터 코부르크대의 석사과정인 미래설계를 공부하고 있다.

마티아스 쉐퍼

1972년생 마티아스 쉐퍼(Matthias Schäfer)는 코부르크 응용과학대학에서 제품 개발을 주제로 기계공학을 전공했다. 1999년 석사학위(Dipl.−Ing.(FH))를 취득한 후, 코부르크의 WOIS 혁신연구 및 기업개발 연구소의 파트너가 되었다. 이후 다양한 산업분야에서 다수의 프로젝트를 수행한 혁신컨설턴트이다. 전략적 기업방향설정 및 제품, 프로세스 개발에서 혁신과정을 선도적으로 설계하는 것이 주요 업무다. 2015년 베를린의 슈타인바이스대학, 시카고의 드폴대학 및 인디아나대학의 켈리 비즈니스스쿨에서 MBA를 취득했다. 다수의 국내, 국제특허 공동출원자이다.

역자 서문

2011년 슈타인바이스재단의 전략적 파트너였던 WOIS 연구소의 헤어 교수로부터 '모순지향적 혁신전략(WOIS)'이라는 주제의 강의를 처음 접하게 된 게 벌써 10년 전이다. WOIS 연구소에서 수십 년간의 연구와 프로젝트를 기반으로 발간한 '혁신의 비논리'라는 책의 역자 서문을 쓰고 있다는 사실 자체만으로도 역자에게는 큰 감회로 다가오지만, 번역과 감수과정에서 저자의 생각을 정확하게 전달해야 한다는 심적 부담감이 상당하였다. 그래서 긴 시간과 노력을 들여 이제야 번역서를 내놓게 되었고, 독자들에게 이 책을 읽는 동안 자칫 매끄럽지 못한 내용에 대해서는 미리 너그러운 양해를 구하고자 한다.

이 책은 "불확실한 환경 변화 속에서 지속가능성을 위한 미래의 발전방향을 어떻게 찾아가야 할 것인가?"라는 물음으로부터 전개된다. 이러한 생존을 위한 기업의 끊임없는 물음에 대해 속 시원하게 가이드를 제공해 줄 수 있는 솔루션이 있다면 얼마나 큰 위안이 될까? WOIS는 측면적 사고를 통해 사고의 틀을 확장하고 추상화를 통한 새로운 해결책을 찾기를 권한다. 또한, 더 높은 단계로의 혁신적인 발전을 위해 모순지향적 사고를 통해 논리장벽을 파괴하고 새로운 차원의 자유를 개척하는 분석적 창의성을 강조하고 있다. 그러면, 기업은 어떻게 성공적으로 변신해 나갈 수 있을까? WOIS는 혁신리더십의 미래지향적 강점과 운영효율성 향상을 위한 광범위한 메커니즘을 결합시키는 '혁신적 변신'을 제안하고 있으며, 이를 위해 변화와 혁신에 대한 의지를 바탕으로 한 기업문화의 중요성을 역설하고 있다. 이와 같은 '혁신적 변신'을 체계적으로 추진하기 위하여 모순지향적 혁신전략(WOIS) 프로세스에 대한 총체적 이해가 필요한데, 이 책의 마지막 파트인 7장에서 기본적인 내용들을 설명하고 있으며, QR코드 온라인 접속을 통해 추가적인 자료 다운로드가 가능하도록 구성하였다. 미래를 만들어 나가는 모든 이들에게 새로운 차원의 자유와 미래를 설계하는 과정에서 이 책이 미약하나마 도움이 되기를 바란다.

돌이켜보면 10년이라는 짧지 않은 시간 동안 모순지향적 혁신전략(WOIS)에 대한 개념과 적용 사례를 교육과 세미나 형식으로 국내 기업들에게 전파하고, 또한 한국어 판으로 출판할 수 있도록 적극 지지해 준 슈타인바이스재단의 담닉 이사와 WOIS 연구소의 헤어 교수에게 감사의 뜻을 전한다. 그리고, 이 책이 나오기까지 물심양면으로 지원해 준 ㈜이디리서치와 용정수 상무에게도 진심으로 감사를 표한다.

2021년 8월
㈜슈타인바이스기술혁신센터(STIC) 대표이사 서주원

서론

01

어느 비즈니스 개발자의 하루

1. 서론

어느 비즈니스 개발자의 하루

미스터 로직(Mr. Logic)은 10년 전 경영학 공부를 마치고, 회사 세 곳에서 성공적인 경력을 쌓은 뒤 그가 언제나 가고 싶었던 곳에 갈 수 있게 되었다. 드림 주식회사의 경영진으로 일하는 것이 그의 오랜 꿈이었다. 작년 이 회사에는 '비즈니스 모델 개발'을 담당하는 새로운 자리가 생겼다. 그의 경험을 고려했을 때, 그는 이 자리의 최고 적임자였다. 기쁘게도 이 새로운 자리에는 그에 걸맞은 상당한 급여가 책정되었다. 이렇게 해서 그의 가족은 오랫동안 꿈이었던 미국으로의 2개월간의 여행을 할 수 있었으며, 그는 아내와 두 자녀들과 함께 미국 전역을 여행했다. 그러나 이제 휴가는 끝났고, 오늘부터는 다시 출근해야 한다. 복잡한 감정을 갖고 미스터 로직은 사무실로 들어섰다. 그의 비서는 그가 여행을 떠난 사이 몇 가지 일들이 쌓여 있음을 알려주었다. 집무실까지 가는 회사 복도에서 그는 8주 전과는 분위기가 달라졌음을 느꼈다. 회사에 한 시간이나 일찍 출근했지만, 그는 빠른 결론에 도달했다. 밀물처럼 밀려드는 과제들을 혼자서 완수할 수는 없으리라. 이미 컴퓨터 모니터 앞에는 상사로부터 전달된 메모가 붙어 있었다. '오늘, 10시, 긴급사항! 지도부 특별회의. 안건 1) 수익안정화를 위한 단기 조치, 안건 2) 전략적 재배치'

8주 동안이나 휴가를 다녀온 것이 정말 좋은 생각이었을까? 미스터 로직은 작년에 시장에 등장한 신생 기업이 두 자릿수 대의 성장률을 기록하며 주요 고객을 빼가고 있다는 서류를 훑어보았다. 그럴 수가 없는데! 고객과의 비즈니스 관계는 지난 십 년 동안 규칙적인 궤도를 그려왔다. 미스터 로직은 이러한 상황에 대해 그럴듯한 설명을 해 줄 수 있는 영업팀의 믿을 만한 동료에게 전화를 걸었다. 뭐라고요? 동료가 회사를 나갔다고요? 최근 조직도를 확인하니, 동료의 업무는 남은 사람들이 이미 나눠가진 상태였다. 미스터 로직은 불편한 기분이 들었다. 회의까지 남아 있는 3시간 동안 그는 어떻게 꼭 필요한 데이터들을 확보할 것인가? 그는 최근의 평가를 파고들었다. 적어도 그의 비서는 믿을 만하다. 그녀는 가장 중요한 최신 자료가 들어 있는 서류철을 이미 준비했으니 말이다.

언뜻 보기에 현재 분기의 핵심성과지표(KPI)를 충족시키기 위해서는 몇 가지 사항이 마련되어야 한다. 지난 2주간의 진행을 보면 낙관적이지 않다. 어전트 박사(Chef Dr. Urgent)가 특별회의에 관해 쓴 것을 다시 한번 재빨리 읽었다. 어떻게 이해해야 할까? 한편으로는 그 수치들은 현재의 목표에 도달할 수 없다는 사실을 명백히 보여주고 있다. 그럼에도 불구하고 어전트 박사는 프레젠테이션에서 시장점유율 확대와 새로운 고객 확보를 주장한다. 하지만 이것은 비현실적이다! 미스터 로직에게는 미팅을 준비할 수 있는 시간이 아직 2시간 정도 남아 있다. 그는 자기 삶의 모든 경험을 동원해 회사의 데이터를 기반으로 일종의 시장분석을 했다. 이제까지 그는 이러한 시장분석을 통해 항상 확신을 얻었던 터였다. 그러나 미스터 로직은 충격을 받았다. 드림 주식회사가 확고부동한 위치를 점유하고 있는 것처럼 보였던 시장에서 현저한 불황이 감지되었기 때문이다. 지금까지의 USP(Unique Selling Points, 판매 가치 제안)[1]는 더 이상 작동하지 않는다. 신생기업은 비즈니스 가장자리가 아닌 핵심시장으로 바로 치고 들어왔다. 미스터 로직은 근본적인 변화 없이는 미래가 위험해질 수 있음을 바로 알아챘으며, 그는 특별회의에서 반드시 긍정적인 신호로 점수를 얻고 싶었다. 다행히 그는 좋은 네트워크를 가지고 있었다. 그에게는 관련 업계에서 주도적인 입지를 갖고 있는 회사에서 비즈니스 개발자로 일하고 있는 신뢰할 만한 친구가 있다. 분명 그들은 함께 해결책을 찾을 수 있을 것이다. 그러나 친구의 현 상황도 전혀 좋아 보이지 않는다. 신규 진입자들이 타깃으로 삼은 시장의 공급자 입장에서 이러한 전개는 드림 주식회사보다 친구의 회사에 훨씬 더 근본적인 문제이기 때문이다. 회사는 6주 전부터 긴급 프로그램을 가동해 왔다. 미스터 로직이 미국으로 여행을 떠날 때는 미미한 징후만 있을 뿐이었다. 그러나 짧은 시간 동안 상황이 이렇게 급변할 것이라고는 누구도 예상치 못했다. 미스터 로직은 여행 중 읽었던 기사를 떠올렸다. 그는 잡지에서 전문가들이 '지배적 업계논리의 활용'과 '파괴적 비즈니스 모델'이라는 새로운 단어들을 사용하는 것을 보았다. 이것이 드림 주식회사에서 갑자기 일어나는 일인가? 그는 자문했다. 이것이 우리가 대면한 상황일까? 어찌되었든 징후는 그 방향으로 나아가고 있음을 암시한다. 그렇다면 1시간 후에 있을 회의의 이유가 이것인가?

미스터 로직은 생각한다. 현재의 상황에서 모든 어젠다를 동시에 해결한다는 것은 불가능에 가깝다. 고전적 접근법은 항상 그렇듯이 불만족스러운 타협으로만 귀결될 뿐이며, 이 타협은 최소한의 공통분모만을 갖고 있어 단기적인 효과에 머물 것이다. 진짜 딜레마는 다음과 같다. 시장점유율을 높이기 위해서는 신규 진입자들의 가격 수준보다 가격을 더 낮게 책정해야 한다. 그러나 새로운 생산라인에 진행해 왔던 투자를 과도하게 줄이지 않기 위해서는, 즉 투자를 현재 수준으로 계속 유지하려면, 오히려 가

1　USP(Unique Selling Points, Unique Selling Proposition): 1940년대 미국의 광고대행사 테드 베이츠 앤 컴퍼니(Ted Bates & Company)를 설립한 로서 리브스(Rosser Reeves)에 의해 사용되기 시작한 용어로, '독자적인 차별화 가능한 판매 가치 제안'이라는 뜻으로 철저한 제품 조사 및 소비자 조사를 바탕으로 제품고유의 장점, 즉 경쟁 브랜드와 차별화시켜주는 유/무형의 혜택을 소비자에게 반복해서 전달하는 마케팅전략이다.

격을 10% 정도 상승시켜야 한다. 휴가 전에는 이것이 실현가능해 보였다. 미스터 로직은 새로운 생산라인의 미래가 유망해 보였던 것으로 기억한다. 그러나 이 모든 것이 도움이 되지 않는다. 회의가 시작된다. 회사는 아마도 비즈니스 모델의 논리를 근본적으로 되짚어보는 것에서 시작해야만 할 것이다. 새로운 강점을 개발하기 위해서는 새로운 기준과 새로운 경쟁 규칙을 찾아야만 한다. 어떻게 해야 하는가? 분명한 것은 '더 많은 것을 위해 더 많이(more for more)'라는 모토를 표방하는 지금까지의 방식으로는 가까운 미래에 막다른 골목에 다다르고 만다는 점이다. 이것은 더 이상 효과가 없다. 새로운 차원의 자유, 창의력이 필요하다!

사례: 쇼트(SCHOTT)

비즈니스 개발의 목적은 새로운 비즈니스 잠재력을 가진 그러한 차원의 자유를 전략적으로 예측하는 것이다. 그러나 이것만으로는 부족하다. 무엇보다 현재의 성공과 미래의 성장분야를 연결하는 교두보를 마련하는 것이 비즈니스 개발자의 책임이다. 몇 년 전 쇼트(社)는 요리분야에서 혁명을 일으킨 세라믹 전기레인지 개발에 성공했다. 비즈니스 개발의 관점에서 유일하게 변하지 않는 것은 지속적인 변화와의 대면이다.

도전 과제는 지속가능한 전략적 적응, 즉 기업 DNA를 기반으로 한 새로운 비즈니스 영역을 개척하는 것이다. 이러한 변화의 이면에는 현재는 실현 불가능해 보이는 것을 기존의 성공 요인과 결부시키는 반복적인 패턴이 있다. 지속가능한 미래를 준비하는 것은 현재 비즈니스 모델의 성공 요인에서 미래 지향적인 성공가능성으로 능숙하게 전환하는 것이며, 우리의 관점에서 볼 때 미래의

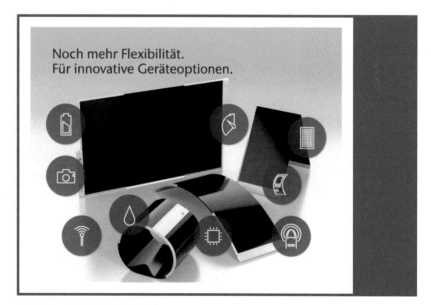

그림 1: 쇼트의 초박막 유리   출처: 쇼트(SCHOTT)

수요를 충족시키는 혁신은 기존의 업계 논리를 타개하는 것과 관련성이 있다.

현대의 제품 설계자는 상호작용이 자유로운 대화형 패널을 원한다. 유리 표면은 상호작용에 가장 불리한 조건에서도 위생적이며 깨끗하게 유지될 수 있다는 장점을 지닌다. 그러나 과거에는 유리의 깨지기 쉬운 특징 때문에 상용화가 쉽지 않았다. 이 논리에 따르면 유리를 혁신적인 제어 패널로 사용한다는 것은 생각하기 어렵다. 그러나 재료 및 공정 전문가가 이러한 관념의 한계를 뛰어넘음으로써 지금까지 알려지지 않은 유리의 특성을 보여주게 된 것이다. 쇼트(社)의 초박막 유리는 디스플레이, 카메라, 칩 및 배터리를 손상시키지 않으면서도 휘어질 수 있는 스마트폰의 미래 소재가 된다(그림 1). 이것은 인간의 모발처럼 얇으면서도 매우 안정적이며, 특히 유연하다. 초박막 유리는 감광도가 좋아 폴더블 터치스크린의 커버나 전자부품의 캐리어 또는 분리재료로 적합하다.

그리고 미스터 로직이 비즈니스 개발자로서 자신의 역할을 수행하고 있는 것처럼 근본적인 변화에 직면해 있는 많은 회사들의 당면한 과제는 쇼트의 사례와 비슷하다. 이러한 회사들의 비즈니스 모델에는 모순2들이 편재해 있으며, 그러한 모순들 속에는 거대한 미래의 지속 성장 가능성이 내재되어 있다. 현재의 지배적인 로직은 성장을 한계에 이르게 한다. 최상의 로직을 사용하더라도 성공으로 가는 기존의 로직에 갇혀 있으면 점진적인 혁신만을 달성할 수 있을 뿐이다(그림 2). 그러나 변화의 속도가 빨라진 환경에서 미래의 지속가능성을 추구하는 사람들은 고전적인 논리적 접근법으로는 극복될 수 없는 도전에 직면하게 된다. 여기서 다음과 같은 질문이 제기된다. 파괴적 혁신으로 나아가는 더 높은 발전 단계는 체계적으로 어떤 프로세스를 통해 가능한가? 현재 확립된 비즈니스 모델 관행 속에서 모순지향적인 급진적 변화를 대면하기 위해서는 다른 사고방식을 요구한다. 이러한 분석적 창의성은 체계적인 비논리적 접근방법에 의해 체계화된다.

---

2 역자 주: 여기서의 모순은 기존의 업계 논리에 갇혀 있는 한계를 뛰어넘어야 할 장벽들을 말한다.

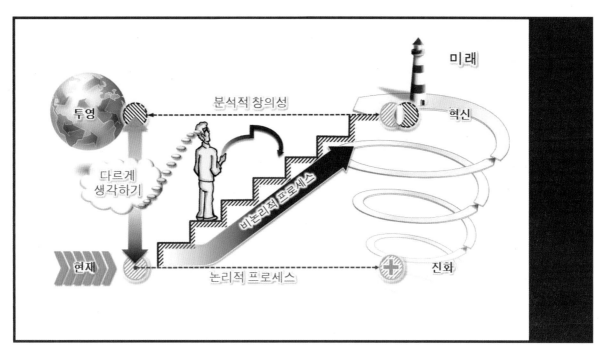

그림 2: 다르게 생각하여 미래를 보장한다   출처: 저자 제공

이러한 도전과제들이 이 책 『혁신의 비논리』에서 다루어진다.

서구 세계의 사고방식

02

2. 서구 세계의 사고방식

2.1 새로운 도전과제들

기업, 사회시스템 또는 우리 개개인들 모두는 지속적으로 변화에 노출되어 있으며, 변화의 속도는 그 진행과정에서 상당히 빨라진다.

과거에는 오랜 시간에 걸쳐 변화가 이루어졌으나, 오늘날 우리는 계속해서 기하급수적이고 비선형적인 발전을 경험하고 있다. 산업계는 근본적인 전환을 경험하고 있다. 경제적 및 사회적 균형 유지에는 상당한 변화의 동력을 필요로 한다. 세계는 점점 더 복잡해지고 있다. 사람들이 살고 있고 기업들이 경제활동을 하는 주위의 환경들은 역동성을 더해 가는 발전의 소용돌이에 노출되어 있다. 이로 인해 지속가능성을 유지하기 위해 어떤 방향으로 나아가야 하는가와 같은 근본적인 문제는 더 중요해진다. 이 문제에 대한 해답을 찾는 것은 다른 어떤 세기보다 21세기 환경에서 더 중요해진 것 같다.

지난 세기에는 젊은 세대가 부모의 회사를 물려받게 될 경우, 기존의 사업을 계승하는 것이 일반적이었고, 그 다음 세대들은 평생 동안 물려받은 회사를 새로운 환경에 적응시켜야 했다. 오늘날 민첩한 조직들은 여러 비즈니스 모델들을 동시에 실행해야 할 뿐만 아니라 비즈니스 모델들의 라이프 사이클도 반으로 줄어들었다는 사실도 받아들였다. 많은 기업들은 심지어 개발 로드맵을 짜고 자원 계획에까지 경영 환경에서의 에자일을 추구한다.

그렇다면 이러한 노력만으로 지속가능성은 달성되는가? 기존의 성공스토리의 연속선에 있지 않은 비즈니스 영역의 비율은 얼마나 되는가? 미래의 지속가능성을 이유로 기존의 성공적인 사업들을 위협하고 있는 프로젝트의 비율은 얼마나 되는가? 지속가능성을 위한 전략 수립에(그림 3) 할당된 자원의 비율은 얼마나 되는가? 도전과제는 과거 비즈니스모델 개발(노란색 S-curve)로부터 미래지향적 개발 경로(파란색 S-curve)로 전환(파란색 화살표)하는 것에 있다.

'파괴적 혁신'(1)은 종종 전문가가 예상하지 못한 곳에서 일어나는데, 이러한 예상치 못한 곳에서 일어난 작은 상황들은 악화된 후에야 회사 관리자들에게 명확하게 인식된다. 동시에 관리자들은 그들 자신들의 활동분야에서 파괴적 혁신이 가져올 영향에 대해 적절한 변화를 탐지하는 것이 점점 어려워지고 있다. 이것은 현재의 발전 경로에 연결된 사고틀(붉은색 괄호)이 지배적이기 때문이다. 전문가의 개별적인 의견만으로는 더 이상 기회와 위협을 식별하기에 충분하지 않다. 가시적으로 인접하지 않은 먼 영역으로부터 직접적인 위협을 받을 수 있다. 종종 상이한 분야에서 혁신의 연결이 발생하기 때문에 미래의 재설계를 위해서는 개별 분야의 전문성만으로는 충분하지 못하다. 일반적으로 가장 큰 잠재력은 전통적으로 분리된 학문분야와 이들의 결합을 통한 시너지분야, 즉 실질적인 학제 간의 협력 분야에서 모색될 수 있다.

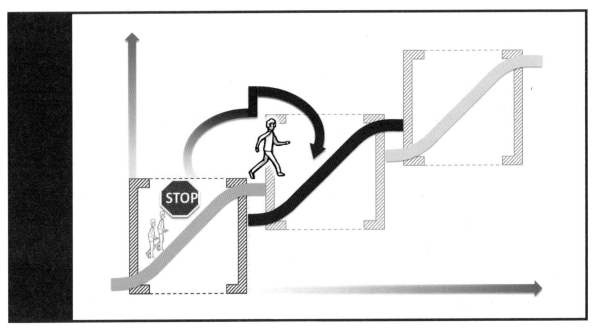

그림 3: 개인적인 사고틀의 극복을 위한 과제

출처: 저자 제공

이러한 근본적인 변화를 원하는 조직이 직면한 과제는 무엇인가? 왜 이니셔티브는 실패를 거듭하는가? 누구나 접근할 수 있는 유사한 정보 속에서 어떻게 근본적으로 새로운 접근법에 도달할 수 있을까? 현재 시점에서 어떤 문제에 대해 모든 전문가가 해결책이 없다고 논리적으로 입증할지라도 이를 해결하기 위한 새로운 혁신적인 접근법을 발견할 수는 없을까? 이러한 천재성, 즉 '다르게 생각하는' 능력은 어디서 기인하는가? 누구나 이러한 능력을 배울 수는 없을까?

다음은 오늘날 누구도 예견하지 못한 연관성을 선취하고 있는 혁신가의 사례이다. 오늘날 휴대폰 보급에 대한 기본혁신은 무엇인가? 아마도 대부분은 신호전송 기술을 떠올릴 것이다. 하지만 정답은 선불 계약이다. 오늘날 전 세계에서 사용되는 핸드폰의 60% 이상이 선불 계약에 의한 것이다. 은행계좌가 없는 고객은 월 납입을 할 수 없다. 따라서 아프리카에서는 선불 계약이 90%가 넘으며, 남아메리카에서는 80%를 상회한다. 이러한 발전은 다른 산업분야에서 근본적으로 중요한 의미가 되는 부수적 효과를 낳는다. 즉 선불 계약이 하나의 지불수단이 되는 것이다. 임금은 선불 계좌에 입금되고 상점에서의 결제는 이 통장을 통해 처리된다. 이것은 은행 비즈니스 모델에 대한 근본적인 위협이다.

여기서 은행 계좌가 없게 된다면 은행들이 어떻게 비즈니스에 참여할 수 있을지에 대한 질문이 파생된다. 이러한 딜레마 상황에 대한 논리적 분석을 통해 이 도전과제의 의의는 이미 확인되었다. 한계의 논리적 도출은 그것의 수용으로 이어지게 된다. 즉, 은행이 비즈니스를 하려면 개개인의 은행 계좌가 필요하나, 또한 모든 사람들이 은행 계좌를 소유하는 것은 불가능해 보인다. 이러한 상충하는 목표를 해결하기 위해서는 한계를 절대 장벽으로 볼 것이 아니라 발전의 기회로 삼아야 한다. 근본적인 혁신의 비논리는 다음과 같은 질문을 제기한다. 은행의 관점에서 볼 때, 지불거래에 참여하기 위해 은행 계좌를 부여할 필요성이 더 이상 없다면 어떻게 될까?

돌파구 모색의 가장 큰 장애물은 이것 아니면 저것을 선택하는 이분법적 사고다. 상황이 이러하니 은행은 기존 비즈니스 모델 또는 새로운 비즈니스 모델, 둘 중 하나를 선택할 수 없다. 기본 태도의 방향을 정하는 데 있어 '무엇인가는 포기해야 한다'는 말은 더 중요한 의미를 갖는다. 어떤 방향을 선택하든지 간에, 어떤 장벽에 부딪혔을 때 엔드 투 엔드 접근방식은 궁극적으로 실패하게 된다. 기업은 그럼에도 불구하고 끊임없이 변화하는 환경에서 미래지향적이어야 한다. 목표가 갈등하는 상황은 필연적으로 발생한다. 이는 일반적으로 갈등관리와 함께 변화관리 프로젝트의 일환으로 다루어진다. 목표 갈등 관리는 처음부터 가능한 한 '최선의 타협'을 찾는 것을 목표로 한다.

타협으로는 근본적 혁신을 성취할 수 없다.

정치에서뿐만 아니라 대부분의 경우 원하는 목표를 달성하기 위해 협상을 시작하면서부터 타협이 고려된다. 그러나 타협이라는 것은 두 당사자 간의 상호합의에 의해 당사자 각자가 요구하는 것들의 일부를 포기함으로써 당사자 간에 계약을 성립시키는 것을 일컫는다. 문제는 타협조차 이것 아니면 저것이라는 이분법적 결정과 같은 막다른 골목에 도달한다는 점이다. 무엇이 더 중요한가? 전통을 고수하는 접근법? 아니면 근본적으로 새롭게 변화되는 혁신적인 현대적 접근법? 무조건 전통만 고집하는 것은 발전을 저해하고, 근본적인 혁신만을 고수하면 브랜드 정체성의 상실을 초래한다. 우리는 왜 선택을 해야만 한다고 생각하는가? 왜 우리는 타협하는 해결책을 신뢰하는가?

인류의 큰 도전과제들과 관련된 타협 해결책들이 실패해 왔다는 것은 경제적 성공과 생태적 지속성 사이의 상충되는 목표들에 의해 방증되는데, 우리 사회가 경제적 성공을 포기할 수 있는가? 그렇지 않다. 왜냐하면 경제적 성공을 포기할 경우 모두를 위한 번영은 다시는 없을 것이기 때문이다. 그렇다면 우리 사회가 생태적 기반 없이 생존할 수 있을까? 그렇지 않다. 계속 우리는 자원을 소비하기 때문에 생태적 기반이 없다면 자원은 고갈될 것이기 때문이다. 우리는 오늘날에도 '최선의 타협점'을 찾을 수 있을 것이라고 믿는다. 생물의 분류단위인 '종'으로서의 인간은 '가능한 한 해를 덜 끼치고자 한다.' 그러나 지구상의 80억 인구가 '아주 약간만 해를 끼친다고 해도' 그 폐해는 이미 너무 크다. 그래서 현대의 지속가능성이 있는 모델은 100% 생태적으로 지속가능한 동시에 경제적으로도 성공적인 완전 폐쇄 사이클을 가진 시스템을 나타낸다.

따라서 지속가능성은 이것 또는 저것이라는 이분법적 사고방식과는 다른 완전히 새로운 '비논리적인' 모순지향적 사고방식을 요구한다. 여기서, 다시 다음과 같은 질문을 제기할 수 있다. 우리는 왜 이렇게 중요한 도전과제 앞에서 여전히 타협이라는 해결책을 믿는가? 이에 대한 답변은 우리의 역사에서 찾을 수 있다. 우리가 논리에 근거한 사고방식을 수 세기 동안 내재화해 왔기 때문이다. 그러나 우리가 이러한 특징을 인식하는 순간, 이미 이러한 제한적인 사고방식을 극복하기 위해 필요한 전제 조건도 갖추게 되었다고 할 수 있다.

2.2 의사결정 기반의 기원과 패턴

일상생활에서든 직업 환경에서든 모든 개인은 직접 의사결정을 내릴 때 인과론적인 논법에 의지한다. 연관성을 파악하는 이러한 방식은 기본적으로 우리의 논리적 사고방식에 따른 것이다. 점진적으로 복잡한 문제를 이해하고, 이를 바탕으로 행동할 수 있어야 한다. 이러한 사고방식이 없었더라면 인류의 획기적인 진보는 불가능했을 것이다. 논리가 엄청난 성공을 이끌었기 때문에 오늘날 우리는 이러한 논리적 사고방식으로 체계적으로 훈련받고 있다.

논리의 성공 스토리를 더 잘 이해하기 위해서는 그 기원을 간략하게 살펴봐야 한다. 이미 아리스토텔레스부터 플라톤과 대립하면서 세계의 복잡한 관계를 규명하는 문제에 직면해 있었다. 플라톤이 사물의 포괄적인 고찰을 통해 진리에 다가서려고 했다면, 아리스토텔레스는 논쟁에서의 다양성에 주목했으며, 이러한 다양성을 관찰하고 경험을 통해 명료한 하나의 진리를 추구했다. 이러한 사고의 패턴은 자연 현상을 설명하는 데 이용되었고, 이를 통해 자연과학의 기초를 마련했다. 이때부터 항상 명백한 진리를 추구하는 것이 우리 교육 시스템의 근간이 되었다. 논리는 우리가 '최선의 해결책'을 찾고 선택할 수 있도록 하는 근거가 되며, 우리는 이 과정을 마음속 깊이 내재화했다. 그러나 논리는 축복인 동시에 저주이다. 우리는 과학이 기본조건으로 제시한 진리와 한계를 절대적인 것으로 받아들인다. 특히 근본적인 혁신을 성취하기 위해서는 능력 또는 성능의 한계와 대면하는 것이 반드시 필요하다.

논리에 대한 대안은 있는가? 우리는 체계적으로 다르게 생각할 수 있을까?

논리는 최적화 과정과 진화론적 진보와 같은 결정 가능한 문제들의 해결에 있어서 효율적인 접근법이다. 세계 각지에서 '운영효율성'을 제고하기 위해 효율적인 프로세스와 구조를 발전시키는 방식에 대해 배우고자 유럽으로 찾아온다. 하지만 오늘날 잘 알려진 규칙과는 다른 비선형적인 프로세스들의 경우, 논리를 기본으로 하는 것은 아마도 부적합해 보인다. 우리는 '논리적으로 증명되는 더 나은 지식을 거스르며' 한계에 의구심을 품는 것이 어려운 과제임을 안다. 전문가의 전문지식으로도 풀어낼 수 없는 문제들을 제한된 자원경영으로 해결책을 제공하는 것은 거의 불가능하다. 그러나 혁신은 단연코 성능 한계의 변화를 필요로 한다. 오늘날의 장벽을 뛰어넘는 사고! 이 사고는 긍정적인 의미에서 전문가를 깜짝 놀라게 할 정도의 참신함으로 해결책을 모색한다.

그러나 우리가 살아가는 현대 세계의 도전과제에 더 적합한 사고방식이 존재하기는 하는 걸까? 오늘날의 문제에 대한 효율적인 접근법은 기존의 논리에 대한 종속성을 깨뜨려야 하며, 의사결정의 상이한 기반, 차별화된 관리 관점 및 민감하게 선택된 의사결정 특성들을 필요로 한다. 우리의 전통적인 접근법은 기껏해야 창의성을 요구할 뿐이며, '상자 밖에서 생각하기'라는 목표를 추구한다. 이러한 요구는 계획 및 의사결정 보장, 자원에 집중 그리고 투자 수익을 기대하는 문화에 기인하며, 이를 위한 의사결정 메커니즘이 존재한다. 이러한 메커니즘들은 핵심 사업을 위해 고안되어 성공적인 효과를 거두었지만, 변화를 위한 것은 아니었다. 이 프로세스는 창의적인 아이디어에 대한 잠재적인 가능성을 평가하기에는 시스템 역량이 부족하다. 우리는 새로운 접근법을 개별 평가기준에 적용할 때, 필연적으로 오늘날 유효한 시각과 오늘날의 비즈니스 모델의 성공 기준, 즉 변화되어야 할 기존의 대상을 기준으로 삼아 새로운 아이디어를 평가하게 된다. 따라서 현재의 성공기준으로는 혁신적인 생각은 유망하지 않은 것처럼, 즉 '거의 생각할 수 없는' 아이디어인 것처럼 보이게 된다.

현재의 비즈니스와 새로운 아이디어를 평가하는 데 있어 동일한 기준을 적용하면 매우 혁신적인 새로운 아이디어들은 비즈니스모델로써 제대로 고려되지도 못한 채 빠르게 중단되는 결과를 초래하게 된다. 오늘날 이용 가능한 시스템은 빈틈없이 체계화하는 방식으로 지속적인 개선 및 탁월한 운영효율성을 지원한다. 결과적으로, 새로운 원칙을 기반으로 해야 하는 혁신적인 아이디어들은 대개 운영효율성을 지원하는 현재의 기준에 의해 평가됨으로써 고려대상에서 제외되고 만다. 기업가적 관점에서 지속가능성에 대한 요구와 함께 다음과 같은 문제가 제기된다. 오늘날에도 운영효율성 추구와 미래지향적 혁신 추구 중 하나를 선택할 수 있는가? 논리에 기대면 최선의 타협을 찾기 위해 모색할 것이고, 타협은 리더십에 대한 요구를 충족시키지 못한다. 따라서 끊임없는 변화라는 관점에서의 대답은 '둘 다 취하라!'일 수밖에 없다.

기업 문화는 운영효율성을 위한 합리적 관점과 혁신리더십의 기반으로 볼 수 있는 정서적 측면들이 암시적, 명시적 구성요소들과 결합되어 나타난다. 명시적 관점의 특징은 구체적인 사실, 프로세스, 의존성 및 능동적인 자기표현이다. 암시적 관점은 자아 인식과 깊숙이 뿌리내린 의식 저변의 가치관을 나타낸다. 이러한 현상은 개인뿐만 아니라 그룹, 조직 전체, 그 환경 및 국제적인 도전과제에도 적용된다. **현재 비즈니스 모델의 사실, 트렌드, 한계에 대한 합리적 관점만으로는 불충분하다. 더 높은 수준에서 미래의 성공을 위한 가장 강력한 수단을 기대하기 위해서는 합리적 측면과 정서적 측면, 즉 양자에 대한 균형감 있는 관점이 필요하다.** 이것 또는 저것의 이분법적 논리는 이러한 긴장영역에서는 더 이상 도움이 되지 않는다. 오늘과 미래 사이에 장벽이 존재한다는 사실은 지극히 당연한 것이기 때문에, 우리는 이 장벽을 극복할 수 있는 사고방식을 필요로 한다. 소크라테스와 플라톤에 의해 형성된 변증법은 오늘날의 기준에만 의존하지 않는, 이것도 저것도 가능한 해결책을 촉구하고, 이를 통해 합에 이르게 할 수 있다. 표면적으로 이것은 기존의 논리를 깨뜨린 것처럼 보인다. 그리고 바로 그렇기 때문에 다음과 같은 명제가 도출된다.

오늘날의 관점에서 보면 '비논리적인 솔루션들'은 획기적인 것이며, 기존 게임의 규칙을 혁신적으로 바꿀 수 있다. 이러한 비논리적인 솔루션들은 기업과 개인의 미래 생존력에 영향을 미친다. 혁신가들은 일반적으로 수용되는 사고 패턴을 의도적으로 깨뜨린다. 이를 기반으로 이들은 성능 한계를 바꾸고, 전략적 우위를 확보함으로써 경쟁업체들의 경쟁력을 약화시킨다.

수십 년 전 당시에는 무명이었던 어느 운동선수가 올림픽 높이뛰기 경기에서 파란을 일으켰다(4). 1960년대까지 모든 선수의 훈련철학은 근육발달을 위해 노력하고 가능한 한 몸무게를 줄이는 것이었다. 또한 신체의 무게중심은 가능한 한 높이뛰기의 가로대에 가깝게 두었다. 전문용어로는 스트래들(straddle)이라고 하는 롤점프 기술로 수십 년 동안 발전했다. 최적화는 점프 높이를 더 높이기 위해 점프력과 몸무게 사이의 개선된 관계, 즉 '더 나은 것을 위해 더 많이'라는 논리에 따랐다. 이 시기의 생리학자들은 규칙을 준수한다는 전제조건하에 인체가 기계적 도움 없이, 지구에서는 2.35미터 이상을 뛰어넘을 수 없다고 확신했고, 세계 기록은 이미 2.34미터에 도달되어 있었다. 즉, 이 기준에서 생각할 수 있고 계산 가능한 최대치는 이미 거의 도달한 셈이었다. 경기는 전적으로 도달 가능한 최후의 밀리미터 단위의 차이에서의 기록에 관심이 있었다. 1968년 한 젊은 선수가 자기만의 신념을 지닌 채 출발선으로 갔다. 그는 일반적으로 알려진 한계를 믿지 않고, 자신의 '고유한 길을 개척하고자' 했으며, 그는 확신에 차 있었다. "새로운 기록을 내기 위해서 저는 다르게 생각해야 했습니다!" 그의 이름은 그가 만들어낸 새로운 높이뛰기 방식을 설명하는 개념이 되었다(그림 4). 딕 포스베리(Dick Fosbury)는 당시에 상상할 수 있었던 것보다 더 높이 신체를 띄우기 위해서 역학

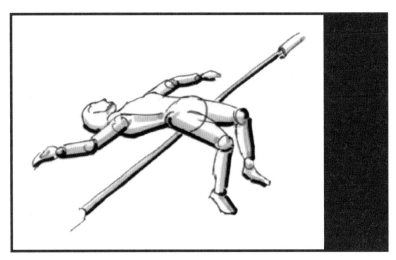

그림 4: 능력한계의 외연을 확장하기 위해 다르게 생각하기 - 포스베리 플롭 (배면뛰기)

출처: 저자 제공

의 법칙을 활용했다. 이렇게 해서 그는 배면도(포스베리 플롭)를 이용하는 높이뛰기의 새로운 시대를 열었다. 그로 인해 도달 가능한 기록은 재정의되었고, 현재의 기록은 2.45미터이다.3

높이뛰기의 사례는 공격적인 사고방식을 통해 명백한 기본 물리규칙이 어떻게 극복될 수 있었는지를 보여주었다. 세계 챔피언이 되겠다는 꿈 덕분에 포스베리는 명시된 능력 한계를 인정하지 않았던 것이다.

사고의 틀을 극복하고 획기적인 혁신을 창출하기 위해서는 '불합리한 꿈을 가능하게 하는 능력과 도전적인 태도의 결합'이라는 기본 전제조건이 반드시 필요하다.

모두가 동일한 경험 지식을 지닌 환경에서는, 새로운 관점은 생겨나지 않는다.

혁신 능력은 오늘날의 관점에서는 달성 불가능하고, 실현 불가능한 것처럼 보이는 목표에 매진할 수 있느냐에 달려 있다. 혁신프로세스에는 '미친 아이디어(crazy ideas)'와 '잠재적인 혁신 아이디어'를 구분할 수 있는 수단이 필요하다. 우리에게 주어진 상황에서 장벽과 기회를 더 잘 이해하기 위해서는 의사결정 과정에 대한 우리의 기본적인 태도를 이해해야만 한다.

2.3 기계론적 사고틀에 대한 역사적 고찰

최근 몇 년 동안 성능향상은 비선형적 발전의 형태로 질적 성장을 해 왔다고 할 수 있다. 생산기술, 물류기술 및 정보기술 또한 제품 및 서비스 분야와 마찬가지로 발전했다. 이러한 맥락에서 특히 주목할 점은 정보의 가용성과 결과적으로 이와 연동된 디지털 네트워킹을 통해 전체 산업분야에서 대변혁을 추진할 수 있는 잠재력이 있다는 것이다. 인쇄매체, 아날로그 사진기술, 전화, 비디오 상점 및 수많은 서비스 제공 업체들은 이미 새로운 경쟁규칙을 통해 혁명적인 변화를 일으켰다. 그 과정에서 이전의 프리미엄 브랜드는 시장에서 완전히 사라졌거나, 그렇지 않으면 심각한 경영난에 처해 있다(6).

---

3 역자 주: 이러한 배면뛰기가 가능했던 것은 높이뛰기 선수들이 바를 넘은 뒤 착지하는 곳에 부상을 막기 위해 모래나 톱밥을 사용하였으나 1960년대 중반에 고무매트가 만들어져 모래나 톱밥 대신 사용됨으로써 착지할 때 선수들이 받는 충격이 거의 없어졌기 때문이다. 포스베리가 미래의 기술과 환경변화를 혁신의 도구로 활용한 셈이다.

이와 관련해서 미국에서 진행된 인상적인 연구가 있다. 리처드 포스터(Richard Foster)와 사라 카플란(Sarah Kaplan)은 1917년 미국 100대 기업들의 발전과정을 분석한 후, 이것을 1987년의 상위 100대 기업들과 비교했다(7). 그 결과 제너럴 일렉트릭(GE), 포드(Ford), 제너럴 모터스(GM), 프록터 & 갬블(Proctor & Gamble) 그리고 듀퐁(DuPont)과 같은 회사를 포함하여 총 18개 기업들만이 70년간의 발전에 대한 압박과 혼란 속에서 살아남았음이 확인되었다.

현재, 디지털화 과정 속에서 전통적인 제조 산업분야에서도 변화가 감지되고 있다. 고전역학, 전자공학, 소프트웨어 및 펌웨어의 융합으로 인해 기존에는 명확히 구별되었던 산업분야들이 직접적인 경쟁관계에 놓이게 되었다. 이것은 현재 우리 세계가 급진적인 변화를 겪고 있다는 것을 단적으로 보여준다. 이러한 격변에 대비해서 우리는 사고로 무장해야 한다. **왜냐하면 우리가 여전히 과거의 선조들이 했던 것과 똑같은 사고방식으로 새로운 도전과제에 임하고 있기 때문이다.**

우리는 마치 중세처럼 생각한다!

이 주장의 근거는 무엇인가? 이론 물리학자이자 철학자인 헤르베르트 피치만(Herbert Pietschmann)은 세계의 문화권에 따른 기본적인 사고방식을 연구했다. 그는 서구인들의 사고방식을 '기계론적 사고틀'(8)이라고 설명하고 있으며, 이것이 미친 영향은 광범위하다(그림 5).

> "오늘날 우리의 사고방식에 미치는 영향을 더 잘 이해하기 위해서는 유럽 역사를 잠시 살펴보아야 한다. 이미 선사시대에 오늘날 우리 문화권의 행동방식에 지대한 영향을 준 근본적인 결정들이 내려졌고, 이 과정은 우리 사회시스템의 기본 전제와 기본 태도가 되어 더 이상 원인과 결과를 직접적으로 인식할 수 없다(9)."

아마도 가장 광범위한 영향을 초래했던 최초의 근원적인 기본 과정은 그리스 역사의 초창기로 거슬러 올라가는데, 이것은 사고와 의사결정의 기본 틀에 혁명을 일으켰다(10).

> "17세기 과학과 함께 발전된 사고의 형태를 살펴보자. 인간의 모든 행위는 특정한 형태의 사고를 기반으로 하며, 우리가 생산해 내는 제품들은 물질적으로 현실이 되거나 관념으로서 언어로 표현

되기 이전에 먼저 머릿속에 생각된다. 다른 문화권에서는 '사고의 형식(Denkformen)' 또는 '사고의 길(Denkwegen)'과 같은 단어를 즐겨 사용하는데, 그 이유는 이 단어들이 우리 문화권에서처럼 그렇게 확고하게 정의 내려져 있지 않기 때문이다. 반면 우리는 '사고의 틀'이라는 단어를 통해 그 안에 포함되어 있는 것과 그 바깥에 있는 것을 정확히 구분하는 것을 선호한다.

우리의 사고의 틀은 고전역학의 성공에서 기인한다. 따라서 우리는 이것을 '기계론적 사고의 틀'로 명명한다. 그것은 네 개의 기둥(소위 말하는 기계론적 사고의 '자명한 이치(Axiomen)')에 기반하고 있다. 첫 번째 기둥은 갈릴레오 갈릴레이(Galileo Galiei)에 의해 과학적 진술의 타당성에 대한 기준으로 실험의 발명으로 만들어졌다. '측정 가능한 모든 것을 측정한다'는 명제를 갈릴레이가 직접 천명한 것은 아니지만 우리는 이것을 우리의 사고의 틀 속에 포함한다. 이 명제는 다음과 같이 보완될 수 있다. 측량 가능한 모든 것은 측량하고, 측량 불가능한 것은 측량 가능하도록 만든다.

두 번째 기둥은 르네 데카르트(René Descartes)에 의해서 만들어졌다. 그는 자연과학의 방법을 네 가지 규칙을 통해 설명했다. 그의 두 번째 규칙은 각각의 문제를 더 쉽게 해결하기 위해서는 필요한 만큼 많은 부분으로 나누어야 한다는 것이다."

'이것 또는 저것'이라는 단순화된 형식으로 아리스토텔레스의 논리(학)은 세 번째 기둥에 와서야 언급된다. 마지막으로 아이작 뉴턴(Isaac Newton)은 아리스토텔레스의 견해와는 달리 달의 영역 아래편과 저편의 물리학이 구분될 필요가 없다는 것을 깨달음으로써 아리스토텔레스의 물리학을 극복했다. 역학현상의 원인으로서의 중력은 사과의 낙하에서나 행성의 움직임에서 동일하게 작용한다. 모든 원인을 찾는 것이 뉴턴의 새로운 길이었다. 우리는 우리의 기계학적 사고의 틀을 다음과 같이 요약할 수 있다.

- 모든 것을 측정한다(갈릴레오).

- 모든 것을 가장 작은 단위까지 나눈다(데카르트).

- 항상 이것 아니면 저것(아리스토텔레스).

- 모든 것의 원인을 찾는다(뉴턴).

양자물리학에서는 첫 번째 요구사항만 남아 있다. 우리는 원자를 더 이상 나눌 수 없다. 원자는 파괴될 뿐이다. 핵과 전자로 원자를 합성하면, 그 본질적 성격이 근원적으로 바뀌기 때문에 합리적인 관점에서 더이상 '합성'이라는 단어를 사용할 수 없게 된다. 이것은 원자들로 분자의 합성 및 분해할 때 더 분명해지는데, 심지어 원자들의 '본질(identity)'을 상실해 버리기 때문이다. 에르빈 슈뢰딩어(Erwin Schrödinger)는 이것을 다음과 같이 정확하게 설명한다. "두 시스템이 상호작용할 때, 이들의 파동함수(ψ)는 상호작용하지 않고, (두 시스템은) 즉시 존재하기를 포기하고 전체 시스템을 위한 단일 시스템이 이 두 시스템을 대신한다." 전체 시스템은 각각의 부분의 총합과는 다른 어떤 것이다!

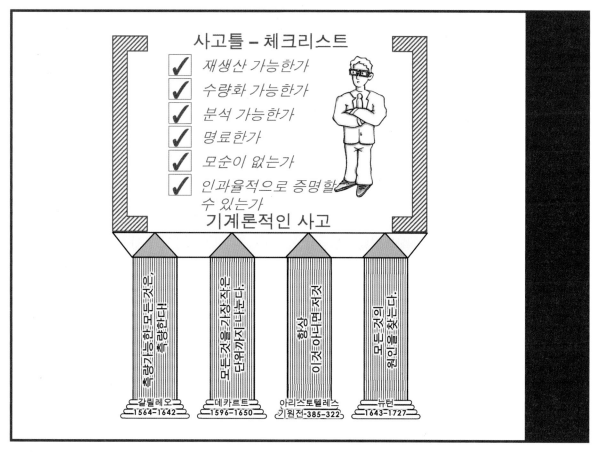

그림 5: 기계론적 사고틀의 기둥　　　　　출처: 저자 제공(Hamberger & Pietschmann 2015: 48f 참조)

아리스토텔레스의 이것 또는 저것은 파동과 입자의 상보성에 의해 극복될 수 있다. 그래서 결국 양자역학 프로세스에서는 전통적인 의미에서의 인과성은 존재하지 않는다. 양자물리학자인 안톤 차일링어

(Anton Zeilinger)는 다음과 같이 말한다. "양자물리학의 가장 본질적인 발견 중 하나는 '순수한 우연의 일치'가 있다는 것이다. 다시 말하자면 인과관계에 기반하지 않는 사건들이 존재한다는 것이다. [⋯] 또한 우리는 우리가 관찰하는 것이 관찰 전에도 이미 관찰된 것이 존재했다는 가정과 결별해야만 했다."

결국 고전적이고 기계론적 사고의 틀은 양자물리학에 의해 자기 한계를 인식하게 된 셈이다(11).

피치만은 이 사고의 틀을 평가해야 할 것인지, 그리고 평가한다면 어떻게 평가할지에 대한 문제에 몰두한다.

"이 사고의 틀이 좋은지 또는 나쁜지를 묻는 질문은 완전히 잘못된 것일 수 있다. 우리가 장점을 위해 단점을 어쩔 수 없이 수용할 것인지 그렇게 안 할 것인지를 묻는 것만이 유용한 질문이 될 수 있다. 일례로 항공기 안전의 발전을 들 수 있다. 항공기 안전을 강화하는 것은 사고의 틀 없이는 불가능했을 것이다. 사고의 틀은 체크리스트의 작성을 가능하게 한다. 사고의 틀은 개별 행위를 설명할 수 있도록 하는데, 이를 통해 행위가 제대로 실행되면 신뢰할 수 있는 분명한 결과가 도출된다. 다시 말하면 사고의 틀은 우리 사회의 수많은 긍정적인 성과의 근간이라는 것이다.

그러나 지금까지 서양의 문화권에서 사고의 틀은 우리의 현실을 구축하는 도구로 발전해 왔다. 단순한 사고실험을 통해 이것을 확인할 수 있다. 아침에 일찍 일어났는데, 몸이 뜨겁게 느껴지면 우리는 열이 난다고 생각한다.

우리 문화에서는 믿음만으로는 충분하지 않다. 우리는 열을 측정해야 한다고 생각한다. 갈릴레오: 측량 가능한 모든 것은 측량한다. 측량 결과가 우리의 느낌과 일치하지 않을 경우, 우리는 체온계가 고장 났거나 열을 잘못 쟀다고 가정한다. 우리는 다시 열을 잰다. 똑같은 측량 결과가 다시 나오면, 우리는 놀란다. 그리고 이러한 결론에 도달한다. '열이 있다고 생각했나봐. 근데 실제로는 열이 안 나네.'

의료적 치료에서 불분명한 증상을 다루어야 할 때, 우리는 모든 기술의 규칙을 동원하여 진단하게 된다. 그리고 이 모든 수치가 정상 범위 안에 있다면, 우리는 보통 건강하다고 진단받는다. 우리가 실제 그렇게 느끼지 않더라도 말이다."

플라톤의 변증법 vs. 아리스토텔레스의 논리

'최적화라는 도전과제'의 측면에서는 논리(학)의 이것 또는 저것이 서구사회의 강점으로 작용했다. 논리는 과학적 지식을 가속화하는 데 큰 도움이 되었지만, 동시에 논리적으로 설명 가능한 한계를 넘어서는 질문을 할 수 있는 우리의 능력을 제한하기도 했다.

다른 사고방식 또한 존재하는가? 다른 문화권과는 다르게 서구에서는 존재 가능한 사고방식의 다양성을 인식하지 못하고 있다.

> "다른 문화권의 과학자들이 표현한 문구들을 우리에게서는 거의 찾을 수 없다. 나는 의도적으로 과학적 논리의 틀을 선택했다(13)."

이미 파르메니데스(Parmenides), 헤라클리트(Heraklit), 소크라테스(Sokrates) 그리고 플라톤과 같은 고대 그리스의 위대한 사상가들도 대립과 합의 본질을 설명하기 위한 문제에 매진했다(그림 6). 여기에 아리스토텔레스의 논리학이 적용된다(14).

플라톤은 변화의 문제를 다음과 같이 적절하게 요약했다. "존재하는 것은 생성되지 못하고, 생성된 것은 존재가 아니다. Was ist, wird nicht; was wird, ist nicht."(15) 함베르거(Hamberger)와 피치만은 이렇게 첨언한다.

> "플라톤에게 존재와 인식은 이것 또는 저것의 문제가 아니다. 이것은 하나의 동일한 '동전'의 양면과 같아서 분리될 수 없다. 따라서 감각인식의 대상(생성, 사물)과 이성의 대상(존재, 이데아)을 구분할 수는 있지만, 분리할 수는 없다(16)."

분명히 무언가가 존재하며, 또한 지속적인 변화, 즉 미래의 영향을 받고 있기 때문에, 우리는 분리할 수 없는 모순인 '아포리아(aporia)'4에 직면하게 된다. 플라톤이 자신의 이데아론에서 이 모순을 변증법적 사고를 통해 합으로 끌어가는 것에 대해서 함베르거와 피치만은 다음과 같이 설명한다.

> "아리스토텔레스는 아포리아를 […] 그대로 둘 수 없었다. 그는 존재와 비존재를 이것이냐 저것이냐라는 의미에서 대립시킨다. '존재가 없다거나 존재가 존재하지 않는다고 주장하는 것은 거짓이다. 그러나 존재(존재론)는 있고(인식론), 비존재(존재론)는 없다(인식론)라고 주장하는 것은 참이다.' 플라톤에게 존재와 비존재는 변증법적 관계에 놓여 있다. 따라서 그는 이미 파르메니데스에 반박하고 있다. '방어의 목적으로, 우리는 아버지 파르메니데스의 제안을 주의 깊게 검토하고 비존재를 어떤 의미로, 다른 한편으로는 없는 존재로 강요하는 것을 피할 수 없다.' 나아가 플라톤은 대조적으로, 비존재에 대해 '존재하거나 존재하지 않거나 또는 합리적이든 전적으로 설명될 수 없는지 여부에 관계없이 우리는 오랫동안 비존재를 다루지 않았었다'라고 말했다."

그러나 우리는 **아리스토텔레스의 논리로 인해** 아포리아를 다루는 능력을 크게 상실했다.

> "결과적으로 기계론적 사고의 틀은 오늘날까지 과학의 성공뿐만 아니라 관련된 기술적인 업적의 토대가 되었다(18)."

각 개인은 자신의 교육 및 경험에 대한 개인적인 배경에 따라 자신의 사고의 틀을 발전시키며, 동시에 이를 기반으로 자신의 논증 및 예측정보의 신뢰성을 위한 지침을 결정한다. 이러한 사고의 틀은 우리의 일상적인 결정에서 어떤 영향을 미치는가(그림 5)? 솔루션 전략과 의사결정 프로세스에는 무의식적인 패턴이 있는데, 한편으로는 이것이 매우 유용하다. 왜냐하면, 매일 이미 발명되어 있는 바퀴를 재발명할 필요가 없기 때문이다. 우리는 명확하고 일관성 있고 인과적인 정당성을 도출하기 위해 물체를 재생산하고, 정량화 및 분석하는 방법을 찾고 있다. 다른 한편으로는, 발전 프로세스에서 무의식적으로 진행되는 이러한 체크리스트는 이미 개발된 '지혜'를 재확인시킨다. 그래서 결국에는 종종 '우리는 항상 이렇게 해 왔다'는 말로 끝난다. 그러나 이 말은 효과적인 새로운 발전을 저해한다.

> "플라톤의 변증법은 대중의 사고와 인간 공존의 공공 조직으로부터 거의 완전히 사라졌다(19)."

---

4 아포리아: 하나의 명제에 대해 증거와 반증이 동시에 존재하므로 그 진실성을 확립하기 어려운 상태

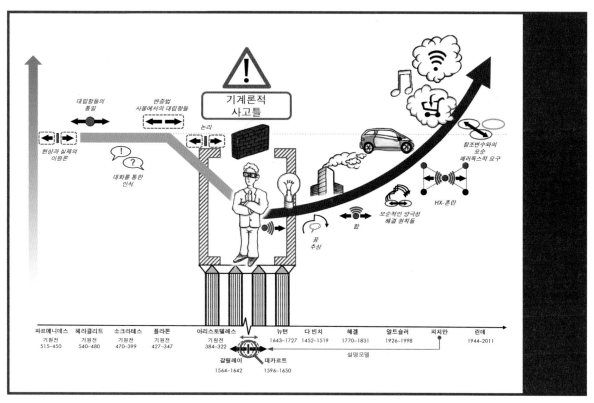

그림 6: 사고방식의 진화와 기계론적 사고틀의 역사   출처: 저자 제공(Pietschmann 2017 참조)

심지어 '아포리아'라는 개념도 우리의 언어사용에서 거의 사라져버렸다. 남아있는 것은 '가망 없음(탈출구 부재)' 상황이라는 의미에서의 모순이라는 용어뿐이며, 기계론적 사고의 틀 속에서 우리는 이 단어를 타협이라는 말을 통해서만 대면할 수 있다.

그러나 디지털화 과정에서의 기술적·경제적 진보는 물론 생태와 경제 사이의 사회적 갈등영역 또한 고도로 네트워크화된 문제들을 가지고 있는 것이 특징이다. 이 복잡한 연관성은 아포리아의 특징을 지니고 있다. 이러한 도전과제에는 이것 또는 저것이라는 이분법적 논리는 부적합하다. 합에 이르게 하려는 노력으로 이러한 중요 도전과제들을 해결할 수 있다는 생각은 아직 실현되지 못한 꿈이다. 이러한 꿈을 현실로 만들기 위해서는 모순들을 어떻게 체계적으로 극복할 수 있을지 고민하고 토론해야만 한다(그림 6). 피치만은 "논리의 사고틀 안에서는 설명 불가한 것으로 미해결된 문제들이 변증법 범위 안에서는 명백하다는 사실은 언제 봐도 매력적이다"라는 말로 요약하고 있다. 변증법은 오늘날의 표준에 기반하지 않은 솔루션도 개발할 수 있는 가능성을 제공한다(20).

2.4 논리 vs. 변증법

기계론적 사고틀의 존재는 '가능한 것'과 '가능하지 않은 것'이라는 확신으로 이어질 수 있는 일종의 인식, 삶의 경험 그리고 발전 결과에 지대한 영향을 미친다. 이것은 의사결정의 신뢰성을 주장하는 프레임, 즉 신뢰 가능한 틀을 만드는데, 동시에 사고의 가능성은 차단한다. 다시 말하면, 그 틀 안에 있는 모든 것은 '가능한' 것으로 간주된다. 그 한계는 논리적 논증에 근거하기 때문에 체계적으로 의문의 여지가 없어 문제 삼지 않는다. 모든 추상화 레벨에서 비슷한 사고방식들을 찾아볼 수 있다.

- 개인의 사고의 틀은 개인적인 삶에서의 경험의 사고틀이다.

- 기업/팀의 사고의 틀은 기업의 사고 및 행동 범위이다.

- 산업계에서의 사고의 틀은 산업계 논리와 산업목표이다.

- 경제 분야의 사고의 틀은 윤리와 가치뿐만 아니라 경제의 틀이다.

실행 틀에서의 기회와 잠재력은 최적화 프로세스의 속도와 구조에 있다. 목표는 장벽을 통해 명확하게 정의될 수 있다. 가능한 것은 상상할 수 없는 것과 분명하게 구분될 수 있다. 그러나 하나의 가능한 관점에서 현재 '논리의 틀'의 기본 가정 중 하나를 무효화시킬 경우, 즉 대체 가능한 관점이 생기는 경우, 카드는 다시 섞이게 된다. 점점 더 상호 연결이 강화되는 산업계와 기업 간의 전체 네트워크는 재정의 되고 있다. 이 격동의 단계에서 이미 많은 기업들이 좌절을 맛보았다. 상대적으로 규모가 작고 민첩한 시장참여자가 비선형적 발전을 위해 사용할 수 있는 수단은 산업을 지배하는 거대 기업에 적용하기에는 지속가능성 면에서 근본적으로 불충분하다. 작은 조직에 의해 상응하는 발전이 이루어졌을 때, 거대한 규모의 조직에 가해지는 충격은 긍정적인 의미에서의 가속화라기보다는 파괴적이고 손해를 끼치는 측면이 더 크다. 이러한 측면에서 당신에게 다음과 같은 질문을 제기하고자 한다.

- 올림피아를 아직 기억하는가? 기계식 타자기 '미뇽(Mignon)'은 한때 20세기 기업들의 조직형태와 당시 진행되고 있던 프로세스에 혁명을 일으켰다(21). 올림피아는 이미 1960년에 전자 데스크톱 계산기 '오메가(Omega)'로 미래지향적인 사무용 기술을 발표했다(22). "소형 컴퓨터의 선구자인 '오메가'는 당시의 사무환경보다 훨씬 앞서 있었으며, IBM이 지배하는 메인프레임(Großrechner) 세계를

위협하는 데 적중했을 수도 있었다(23)."

■ 코닥(Kodak)을 아직 기억하는가? 코닥은 아날로그 카메라 시대에 최고의 이미지 품질을 지닌 회사로 이름을 날렸다. 특히, 코닥은 니콘(Nikon)과 캐논(Canon)보다 앞서 디지털 카메라를 발명했다(24).

■ 위고(Wigo)를 아직 기억하는가? 위고는 유럽 커피 문화의 선구자였다. 위고는 이미 아에게(AEG), 필립스(Phillips), 지멘스(Siemens)나 브라운(Braun)보다 앞선 1954년 필터 커피머신인 위고맷(Wigomat)을 개발했다(25).

■ 크벨레 통신사업자(Quelle‒Versandhandel)를 아직 기억하고 있는가? 당시 업계 선두였던 이 통신사업자는 인터넷의 비선형적 발전을 선도적 지위 유지를 위해 전략적으로 활용하지 못했다(26).

■ 노키아(Nokia)를 아직 기억하는가? 이 이동전화 선두기업은 지금까지 분리되어 있던 시스템이 스마트폰에 의해 네트워킹됨으로써 야기된 이익의 비선형적 증가를 고려하지 못했다(27).

■ 우리의 일간지는 어떻게 될까? 장소에 구애받지 않고 인터넷을 사용할 수 있는 환경 속에서 온라인 뉴스포털과 푸시 뉴스로 인해 '새로운 소식에 대해 알려주는' 신문의 태생적 핵심 역할은 비선형적으로 그 가치를 잃었다. 오늘날 어제의 뉴스보다 더 낡은 것은 거의 없다고 할 수 있다.

■ 우리 아이들이 여전히 유명한 자동차 브랜드를 알고 있을까? 자동차 산업은 세 가지 근본적인 변화를 동시에 겪고 있다. 우선 기능 면에서 소프트웨어의 비중이 급격하게 높아지고 있다. 자율주행은 기존 자동차 산업을 능가하는 핵심역량을 요구한다. 다른 한편으로는 사회의 가치가 변화하고 있다. 왜냐하면 대도시에서 자동차를 소유한다는 것이 신분의 상징이 되기보다는 더 이상 미덕이 아닌 것으로 여겨지고 있기 때문이다.

■ 미래에는 정치적인 견해가 어떤 방식으로 형성될까? 과거에는 저명한 오피니언 리더가 여론형성에 영향을 미칠 수 있었다. 그러나 여론을 형성하는 권력은 소셜 미디어를 통해 스스로 여론을 형성해가는 대중에게 넘어갔다.

■ 어떤 비논리들이 우리 세상에 혁명을 일으키는가? 오늘날 우리 사회의 수많은 기본전제들에 대한 의

구심이 제기되고 있다. 오늘날에는 점점 더 짧은 시간 내에 미약한 신호만으로도 강한 영향력을 발휘할 수 있다. 예를 들면, 이례적으로 우수한 스타트업은 1년도 채 안 되는 기간 동안 최초의 발상으로부터 국제화까지 비즈니스 모델을 확장하는 것이 가능하다.

■ **디지털화는 당신의 산업분야와 우리의 경제 시스템에 어떤 영향을 미치는가?** 한 가지 분명한 것은 세계의 시스템과 조직이 근본적으로 그리고 비선형적으로 변화하고 있다는 점이다. 자신의 분야가 이러한 변화에 영향을 받지 않을 것이라고 생각한다면 오산이다(그림 7). 실제 나타나는 미래는 종종 경로에 따라 미리 정해진 미래, 즉 그렇게 될 것이라고 예측하고 있는 미래와 일치하지 않는다. "우리 모두는 우리의 남은 인생을 미래에서 보낼 것이기 때문에 이러한 미래에 대해 고민해 볼 필요가 있다(28)."

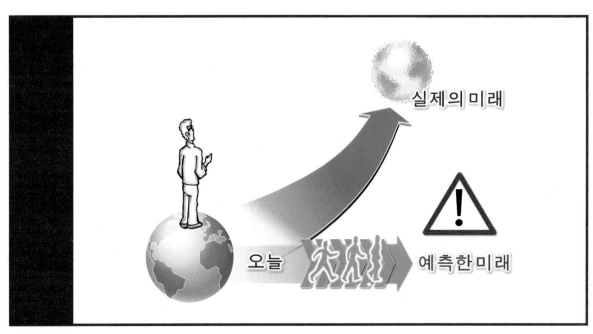

그림 7: 미래로 가는 길에서의 돌파구　　　　　　　　　　　　　　　　　출처: 저자 제공

2.5 올림피아의 발전

올림피아의 발전사는 유럽 공학의 대표적인 사례인 동시에 비즈니스 모델을 재구성할 때, 극복해야 할 도전과제에 관한 초기 사례연구에 아주 적합하다. 올림피아의 사례는 성찰을 위한 수많은 출발점을 제공하기 때문에, 여기서 올림피아의 역사적 발전에 관해 충분한 시간을 할애해 살펴보고자 한다.

올림피아의 역사는 1세기도 훨씬 넘게 거슬러 올라가 당시 아에게 그룹(AEG-Konzern)의 총수였던 에밀 라테나우(Emil Rathenau)와 함께 시작되었다. 1899년 초 그는 베를린의 어느 박람회에서 타자기의 작동원리를 발견하였다. 그러나 오늘날과는 달리 당시의 전통적 사무환경에서는 최초의 타자기 개발에 대한 필요성은 없었다. '기계의 도움을 받는 글쓰기'에 대한 동기는 손으로 글을 쓸 수 없는 시각장애인들이 문서를 작성할 수 있도록 하겠다는 필요성에서 비롯된 것이다. 이 사람들이 스스로 글을 쓸 수 있도록 하기 위해서 1775년 이래 여러 발명가들이 다양한 아이디어를 만들어내고 설계했다. 볼프강 폰 켐펠렌(Wolfgang von Kempelen), 펠레그리노 투리 디 카스텔누에보(Pellegrino Turri di Castelnuevo), 카를 드라이스(Karl Drais), 페터 미터호퍼(Peter Mitterhofer) 그리고 프란츠 크사버 바그너(Franz Xaver Wagner)와 같은 이들은 기계를 이용하여 표준화된 서면 양식으로 문서를 작성할 수 있는 기술 장치들을 개발했다.

그러나 라테나우는 이 초창기 타자기 모델에서 원래 개발 시 고려했던 활용분야를 넘어서 활용될 수 있을 것이라는 잠재력을 보았다. 그는 아에게 그룹 내 프리드리히 폰 헤프너-알텐에크(Friedrich von Hefner-Alteneck)에게 타자기의 작동원리에 기반한 기계장치를 설계하고 개발하도록 의뢰했다. 불과 몇 년 후, 유니온 타자기 회사(Union Schreibmaschinen-Gesellschaft)[5]에서 '미뇽'이라는 이름의 혁신적인 제품을 시장에 내놓을 수 있었다. 이로 인해 당시 사무환경의 혁신적인 변화의 초석이 놓였다고 할 수 있는데, 이 흔적은 오늘날까지도 남아 있다. '미뇽'은 사무실 프로세스를 근본적으로 변화시킬 수 있는 잠재력을 가지고 있었다(29). 언뜻 보기에 상업적 활동이 수공업과는 비교될 여지가 없어 보이지만, 그럼에도 불구하고 타자기가 나오기 이전 시대의 상인들의 활동은 손으로 작성되는 수많은 수기작업들로 특징지어졌다. 편지나 서류와 같은 비즈니스상의 문서들은 항상 개인에 의한 자필문서였기 때문에, 개인 서명이 포함되어 있었는데, 이것은 꼭 상징적으로 국한된 것은 아니었다. 말하자면 상업활동들은 처음부터 이러한 행위들에 의해 규정되었다. 이 과정의 당위성은 비즈니스를 하는 사람들 사

---

5 역자 주: 아에게 그룹에서 타자기 미뇽의 판매가 유니온 타자기 회사로 이전되었다.

이에서는 의심 없이 수용된 일상적인 업무들이었으므로, 깔끔하고 읽기 쉬운 필체나 필기 재료를 보다 조심스럽게 처리하는 데 필요한 기술들에 대한 변화의 필요성을 분명하게 인식하지는 못했다.

그럼에도 불구하고 라테나우는 '미뇽'과 같은 기술기반 기계장치를 통해 변화의 잠재력을 예상하고 있었던 것 같다. (비이성적/비합리적인 꿈에 근거했던 것일지도 모를) 이러한 기본적인 확신을 바탕으로 '미뇽'을 도입한 이후, 수십 년 동안의 사무실의 일상과 사무실 문화는 뿌리부터 달라질 수밖에 없었다. '미뇽'은 저렴한 가격의 보급형 모델이었기 때문에 수공업자와 개인들의 관심을 끌었다. 이후 '미뇽'은 성공가도를 달리면서 단기간 내에 고전적인 사무세계에 진입했다(30). 이것은 사무실 변화의 결정적 계기가 되었다. 1912년에는 더 발전된 형태의 활자막대 타자기가 개발·생산되었고, 이 제품도 이전 모델 '미뇽'처럼 시장을 강타했다. 오래 전부터 잠재되어 있던 사무실 타자기에 대한 수요는 이제 명시적인 시장의 요구가 되었다. 제1차 세계대전 이후에도 타자기에 대한 수요가 계속 증가하여 추가 생산능력을 갖추어야 했다. 아에게 도이체 베르케 주식회사(Die AEG Deutsche Werke AG)가 에르푸르트(Erfurt)에 설립되었다. 이미 이때에는 타자기를 중심으로 하나의 산업이 형성되어 있었다. 타자기 수리는 이전에는 주로 재봉틀이나 자전거 정비공의 업무였는데, 타자기 수리를 위해 고객 서비스 업무를 수행하는 사무기기 정비공의 중요성이 커지면서 이러한 서비스를 제공하는 새로운 직업군도 생겨났다(31).

1930년부터 이 기업은 유럽 타자기 주식회사(Europa Schreibmaschinen AG)로 회사명을 변경하게 되는데, 이는 세계 시장을 겨냥하려는 명시적인 의도를 담고 있다. 회사명 변경과 함께 국제적으로 통용될 수 있는 '올림피아(Olympia)'라는 제품명을 도입했다. 2년 후 '미뇽'은 50만 대가 판매되었다. '미뇽'이 '타자기를 대중화하는 데' 큰 기여를 했다는 것은 부인할 수 없는 사실이다(32). 문화적 변화는 사무환경 내에서 채용조건에도 반영되어 새로운 공식이 되었다. 타자기의 분당 타속은 사무원 채용기준의 결정적인 요소가 되었다. 채용에 있어서 이 능력은 불과 몇 년 전만 해도 전혀 중요한 것이 아니었다.

시장 수요 증가에 부응해 회사는 계속 성장했다. 기업의 부동산 규모도 당시 이 산업의 강세를 방증했다. 매우 잘 조망할 수 있는 건물 규모를 가지고 있었다고는 하지만 올림피아의 소재지는 대지 88,000 제곱미터, 건평 31,000제곱미터에 달했다(33).

이 회사는 기존 사업의 성공과 지속적인 성장에 더하여, 세상의 지속적인 변화를 기회로서 이해하는 것 같았다. 이미 1943년, 이 초기 단계에서 회사가 전자 타자기의 잠재력을 인지했고 에르푸르트(Erfurt)에 이를 위한 부서를 만들어서 해당 제품의 개발에 매진했다는 사실에서 이러한 징후가 확인된다(34).

제2차 세계대전으로 인해 에르푸르트 공장이 심각하게 파괴되자 1946년 회사는 정밀기계 생산분야에 관한 인프라와 역량구조가 갖춰진 빌헬름스하펜(Wilhelmshaven)에서 새롭게 출발했다(35). 타자기의 수요는 이 시기에도 꾸준히 증가했다. 또한, 1949년부터는 수동으로 구동시키는 계산기계 및 결산기계가 포함되는 등 포트폴리오가 확대되었다.

사무 세계에서 이때 거의 동시에 일어났던 또 하나의 획기적인 변화의 뿌리가 있었다. 컴퓨터기술 발전의 초창기인 1950년대 올림피아도 이 발전에 동참했는데, 올림피아는 이미 1950년에 IBM의 대형 컴퓨터에 투자했던 독일 최초의 기업 중 하나였다(36). 투자와 더불어 올림피아 또한 데이터 기술에 심혈을 기울였으며, 이 과정에서 최초로 급여테이블을 전산화하였다(37). 당시로서는 저평가되어서는 안 될 발전이었다. 직원들은 새로운 기술을 응용하여 이것을 바탕으로 거의 지속적으로 새로운 것들을 개발해 나갔다. 이 신제품들은 경영의 내적 프로세스 업무능력을 향상시키고 생산 포트폴리오의 확대에 기여했다. 그 결과 올림피아는 1958년에 최초로 완전 전자식 타자기를 시장에 선보일 수 있었다(38).

1950년대 올림피아는 전자 실험실을 설립하였으며, 이곳에서 혁신적인 직원들은 데이터 처리기술 장비 개발에 매진했다(39). 이것은 '정밀기계공학'을 전문분야로 하는 기업에게는 지극히 이색적인 행보로 보이지만, 동시에 올림피아가 진보적 사무 프로세스 형성에 관해 얼마나 깊이 있게 이해하고 있는지 가늠케 하는 사실이다. 이러한 역량은 회사의 설립 이래 수십 년 동안 사무세계를 위한 매력적인 제품들의 생산과 시장화를 성공시킨 실질적인 요인이었다. "앞서 설명한 전자 실험실은 마침내 과학적 가치가 큰 데스크톱 컴퓨터를 예의 주시했다(40)." 이러한 고민들은 '오메가'로 명명된 데이터 처리 장치의 구축에서 정점에 이르렀다.

> "당시로서는 선도적 기술인 드럼메모리가 중심에 장착된 입출력 장치를 가진 새로운 종류의 이 전자 컴퓨터는 중소기업에서도 구입할 만한 것이었다고 한다. 입력은 카드 리더기와 결산기계를 통해 이루어지고, 출력은 라인 프린터를 통해 매우 빠르게 처리되었다. 이 기계는 1960년 4월 말 하노버 박람회에서 처음으로 대중에게 공개되었다(41)."

공간을 많이 차지하는 매우 값비싼 IBM 컴퓨터가 IT 산업분야를 압도하고 있던 그 시기에 '오메가'는 대중의 관심을 끌며 화제의 중심이 되었다.

"트랜지스터 회로로만 구성된 전자 컴퓨터와 데이터의 산출, 준비, 결산 및 입출력을 위한 일련의 추가적 트랜지스터 장치를 갖춘 이 전자 데이터 처리 시스템의 프로토타입은 박람회에서 파란을 일으켰으며, 이 부스는 전 세계에서 방문한 전문가들과 언론인들의 방문으로 북적거렸다. 책상의 형태를 띠고 있는 중앙 컴퓨터와 제어 장치는 비즈니스 과정들의 다양한 변수를 합리적으로 관리하기 위한 목적에 맞게 설계되었으며, 이 장치조합에 모든 이들이 매료된 듯했다(42)."

이후 몇십 년간 어떻게 컴퓨터가 발전해 왔는지 알고 있는 오늘날의 관점에서 보면, '오메가'가 얼마나 시대를 앞서 있었는지가 분명해진다. 그러나 안타깝게도 이 시기 아에게는 향후 몇 년간 올림피아 브랜드의 초점이 다른 곳에 있어야 한다고 결정했다(43).

1960년대 중반 올림피아는 '타이핑, 복사, 부기, 회계 및 결산 자동화기'와 관련한 광범위한 포트폴리오를 보유했다(44). 한 조사에 따르면 15세 이상의 독일 국민 중 75%가 올림피아 브랜드를 알고 있었다고 한다. 이런 측면에서 올림피아가 사무환경에서 핵심적 존재였음은 의심할 여지없는 사실이었다(45).

올림피아 이외의 기업들도 동시에 다른 개발들을 진행하였다. 이것은 이후 또 다른 혁신적 기술을 창출하고, 그로 인해 미래 올림피아의 핵심 비즈니스에도 지대한 영향을 미쳤다. 1920년에서 1930년까지 IBM사는 최초의 펀치 카드 기계를 생산했다. 이로부터 몇십 년 후인 1951년 레밍턴(Remington)은 유니박(UNIVAC)이라는 최초의 상용컴퓨터를 시장에 선보였다. 1950년대는 IBM의 데이터 처리 장치가 기술적으로 그 시기에 매우 발전된 컴퓨터시장을 주도하였다. IBM은 이 시기에 IBM 604(1955년), IBM 650(1956), IBM 305 라막(RAMAC)(1959)이라는 메인프레임 컴퓨터를 시장에 내놓았다(46).

1965년 발표된 이래 수십 년이 지나도록 개발자들이 컴퓨터가 지원하는 시스템의 성능을 진단하거나 계획할 때 참고해 왔고, 또 지금까지 참고하고 있는 무어의 법칙(47)이 몸소 증명했듯이 이후 발전 과정은 알려진 바와 같이 한 번도 멈춰선 적이 없었다. 발전은 쉼 없이 계속되었다. 1969년 IBM은 IBM 셀렉트릭(IBM Selectric)을 통해 기업의 사무업무를 지원하는 시스템을 제공한다. 사무원, 즉 사무실 타이피스트는 보통 문서작성을 전문적으로 하는 직업분야를 지칭하는 말로서, 올림피아는 이 직업의 탄생에 지대한 영향을 미쳤다. 불과 몇 년 후, 소위 말하는 워드 프로세서 장치가 시장에 도입되었다. 스크린과 타이핑 프로그램을 장착한 전문적인 컴퓨터 시스템은 사무업무의 효율성을 높일 수 있게 해 주었으나, 이를 위해서는 만 달러($10,000)의 거금을 투자해야만 했다.

1970년대 말에는 전문화된 워드프로세서 장치를 전문 사무용 타이피스트에게만 판매하려는 트렌드에 반대하는 움직임이 생겨났다. 이 움직임은 다양한 작업환경에서 일하는 모든 임직원이 다양하게 활용할 수 있는 환경을 지향하는 자동화된 오피스 버전을 출시하게 했다. 더불어 장비들이 하나의 네트워크로 연결되어 데이터 교환이 가능하도록 설계되어야만 했다. 이 관점에서 보면 워드프로세서는 독립적인 기계장치가 아니라 다양한 가능성 중 단 하나의 기능만 지니고 있는 장치이다(48). 1978년 소위 말하는 최초의 워크스테이션인 '제록스 알토(Xerox Alto)'가 32,000달러(오늘날의 가치로는 대략 115,000달러)로 가격이 책정되어 시장에 나왔다. 나아가 제록스는 장치와 함께 레이저 프린터, 이더넷 연결 및 마우스를 제공했다. 새로운 사무실 조직에 대한 비전은, 모든 직원들이 고성능의 값비싼 개인용 컴퓨터로 문서를 작성하고 사용하는 것이었는데, 이 비전은 당시의 사무 세계에서는 상당히 이상적인 것이었고 이질적으로 보였다. 이 시기까지는 자동화된 오피스가 완전히 자리 잡지는 못했으나, 지난 수십 년간 컴퓨터 분야에서의 기술적 발전은 알다시피 무어의 법칙에 따라 매우 역동적으로 전개되었다(49). 그러나 당시 시점에서는 대중에게 시장 침투가 활성화되지는 못했다.

다시 올림피아로 돌아가자. 이미 1900년경 초창기 미농 스토리를 통해 증명한 바와 같이 이 기업은 새로운 기술들의 시장 수용력을 창출하고 사무환경에서 새로운 프로세스를 개척하는 능력을 발휘했다.

이제 다음과 같은 질문이 제기된다. **이미 1960년부터 자동화된 오피스라는 개념을 추구했던 올림피아가 '오메가'를 통해 시장에서 일어난 이 문화적 변화를 관철시킬 위치에 놓여 있었는가? 올림피아 대 컴퓨터 시스템, 당시 디지털화된 사무 환경에서 올림피아는 어떤 역할을 했는가?**

올림피아에게 좋은 기회가 생긴 것은 이미 1950년대 초반이었다. 당시 컴퓨터 시장의 경쟁자들을 고려할 때 이 기업은 '오메가' 시스템을 개발함으로써 다른 방향의 길로 나아가고 있었던 것 같다. 시스템의 수준은 당시 IBM의 대형 컴퓨터와 비교하면 소형 컴퓨터라는 개념으로 표현하는 것이 훨씬 더 적절할 것이다. 컴퓨터 발전사에서 '오메가'는 이러한 종류의 최초의 시스템 중 하나인 것처럼 보인다. 1962년에 '오메가'를 개발했던 올림피아의 ETL 실험 워크숍(ETL-Versuchswerkstatt)에서 일하는 직원은 125명이었다(50). 이 해 아에게 그룹 내부적으로 '오메가'의 지속발전에 지침이 될 만한 결정이 내려졌다. 즉, 올림피아를 아에게의 자회사이자 올림피아의 자매회사인 텔레풍켄(Telefunken)과 협력하도록 한 것이다. 아울러 올림피아는 텔레풍켄과 함께 '기계학의 세계챔피언' 역할을 수행해야 했다(51). ETL 부서는 1964년에 아에게 그룹 및 올림피아에서 사라지게 되었다(52).

컴퓨터 발전에서 하나의 이정표 역할을 한 컴퓨터 마우스가 발명된 이 시기는 또 다른 큰 기회의 시기였다. 1968년 12월 9일 더글러스 엥겔바트(Douglas Engelbart)는 〈모든 데모의 어머니(Mother of all Demos)〉에서 컴퓨터 마우스를 입력 장치로 사용하는 개인용 컴퓨터 프로토타입을 전 세계에 공개했다. 이후 엥겔바트는 컴퓨터 마우스의 발명가이자 미래적 사무 세계의 위대한 선구자로 평가받고 있다. 그러나 최근의 연구들은 놀라운 것을 밝혀냈다. 엥겔바트가 마우스를 공개하기 두 달 전인 1968년 10월 9일에 이미 텔레풍켄이 한 논문에서 매우 유사한 컴퓨터 시스템을 발표했던 것이다. 이 입력장치는 소위 트랙볼이었는데, 사용자는 이것을 이용해 화면에서 지금의 커서와 같은 것을 빠르게 움직이거나 표식을 하고, 정보를 변경할 수도 있었다. 이 시스템 안에 숨겨진 엄청난 잠재력은 무엇인가?! 텔레풍켄이 이 잠재력을 완전히 이해하지 못했다는 사실은 회사가 특허를 신청하지 않았다는 데서 분명해진다 (53). 아울러 여기서 이미 1960년에 올림피아가 '오메가'의 미래에 대해 얼마나 근시안적이었는지가 확인된다. 소형 컴퓨터 분야에서 독보적인 입지를 점유하고 있었음에도 불구하고 다음 해 텔레풍켄은 대형 컴퓨터 시장에서 IBM과 맞붙었으나 패배하고 말았다(54). 정보 처리 시장은 브레이크 없이 계속해서 성장해 갔다(55).

이제 다음과 같은 질문들을 제기하지 않을 수 없다. **'오메가' 콘셉트는 어떻게 전개되었는가? 지속발전의 철학과 진화의 방향은 여전히 올림피아의 근간에 부합하는가?**

1970년, 올림피아는 제공되는 시스템의 기술적 결함 때문에 비판을 받았다. 전자기계 작동 원리를 기반으로 한 계산 기계는 일본의 전자 컴퓨터에 의해 궁지에 몰렸다(56). 그러나 올림피아의 특수한 데이터 처리 시스템인 '멀티플렉스 80'은 데이터 처리 시스템의 특수한 세분시장인 은행에서는 전적으로 성공을 거두었다(57). 올림피아는 1972년 마츠시타(Matsushita)사와 은행 업무용 소형 컴퓨터 및 데이터 시스템을 개발하기 위한 협업을 시작했다(58). 1973년 올림피아는 다시금 중요한 기회를 얻게 되었지만, 이 상황에 대해서 올림피아의 전직 임원은 "우리가 유전을 발견했는데, 아무도 그걸 깨닫지 못했다"(59)라고 묘사했다. 올림피아는 유럽 최초의 8비트 마이크로프로세서인 'CP 3F'를 선보여 미국 기업들에게 성공적으로 라이선스했다(60).

그럼에도 불구하고 **올림피아는 마이크로프로세서의 지속발전에 관한 한 세계적으로 선두의 자리를 유지할 수는 없었던 것으로 보인다.**

1970년대의 다른 경쟁업체들은 16비트 및 32비트 마이크로프로세서를 출시했다(61). 이 10년간의 역동적인 기술적 진보가 끝나갈 즈음 올림피아는 450만 번째 기계식 타자기 제작을 경축했다(62). 그러나 이 주목할 만한 성과와는 대조적으로 이미 1979년 〈컴퓨터 위크〉지에서 예견한 '1980년대의 마이크로일렉트로닉 혁명'에 의한 지속적인 변화가 있었다. 그 영향은 특히 사무용 기계 산업에 중요한 의미를 지니는데(63), 이에 비추어 볼 때, 올림피아의 기계식 타자기 600만 대 돌파 기념 축하는 주목할 만하다(64). 이것은 수십 년 동안 성장해 온 핵심 비즈니스 내에서 올림피아가 보여준 높은 생산성을 방증하지만, 다른 한편으로는, 현대 사무 세계에서 이미 일어나고 있는 변화의 관점에서는 이 기업의 추구방향과는 대조를 이룬다. 1980년대 올림피아는 이러한 변화에 직면해 'ES100' 시스템을 기반으로 자체 소프트웨어 및 전자회사를 설립했다(65).

기술 진보의 과정에서 이후 올림피아에 영향을 미친 또 다른 흥미로운 도정이 확인된다. 전통적인 타자기 이외에도 컴퓨터의 출력을 바로 인쇄할 수 있는 프린터 시스템이 점진적으로 발전하게 된 것이다. 프린터는 처음에는 대형컴퓨터 장치에 연결되는 용도로 만들어졌기 때문에, 프린터의 핵심역량은 많은 양의 데이터를 인쇄함으로써 가능한 최고의 인쇄 속도를 갖는 것이었다. 따라서 라인 프린터와 드럼 프린터는 전체 라인을 한 번에 인쇄할 수 있고, 분당 1,000라인 이상의 인쇄 속도에 도달하는 등 전문화되었다. 이러한 시스템은 지정된 문자 세트를 용지 유형에 인쇄할 수 있는 타자기와 유사한 방식으로 작동했다(소위 말하는 임팩트 프린팅).

시간이 지날수록 레이저 프린터나 도트 프린터 등 프린터의 종류가 다양화되었다. 아울러 컴퓨터가 소형화되고 사무 일상에서 일반적으로 사용하게 되면서 비교적 소규모의 활용도를 지닌 저렴한 프린터들에 대한 수요가 점점 더 높아졌다. 이 발전의 초기 단계에 타자기는 자기 본연의 역할에서 벗어나 컴퓨터에 연결되어 프린터의 기능을 수행했다(66). 그러나 이후로도 오랫동안 프린터를 통해, 심지어는 레이저나 도트 프린터조차 문자를 자유롭게 선택하거나 디지털 이미지들을 마음대로 인쇄하지는 못했다.

그러나 그래픽 유저 인터페이스와 최초의 그래픽 프로그램이 개발되자 화면에 보이는 내용을 그대로 종이에 인쇄하고자 하는 새로운 요구가 생겨났다. 여기에는 두 가지 기술적 장벽이 있었다. 우선 어떤 내용이라도 종이에 인쇄될 수 있도록 하는 인쇄 메커니즘의 유연성과 자유도가 결여되어 있었다. 또 다른 하나는 PC의 데이터 및 그래픽 내용을 프린터가 처리할 수 있는 명령으로 변환해야 했는데, 여기서 발생하는 정보기술의 문제가 있었다. 1985년은 이런 맥락에서 중요한 한 해였다. 어도비(Adobe)사가 디지털 이미지를 래스터화된 인쇄명령으로 변환할 수 있는 포스트스크립트 프로그래밍 언어를 발표했다. 포스트스크립트는 1985년에 처음으로 애플의 레이저 프린터에 사용되었으며, 이때 내장된 프린터 프로세서는 애플컴퓨터의 메인프로세서와 똑같은 성능을 지녀야 했다(67). 1985년 HP는 새로운 유형의 주문형 잉크젯 프로세스를 사용하여 이미지를 유연하게 인쇄할 수 있는 잉크젯 프린터를 출시했다. 이 기계가 어마어마한 성공을 거둔 것을 보면, HP는 이 기계를 통해 시대의 요구에 대해 정확히 응답한 것으로 보인다. 몇 년 후, 잉크젯 프린터와 레이저 프린터는 개인용 컴퓨터와 함께, 타자기와 종래의 인쇄 프로세스를 대체함으로써, 전 세계 사무실과 가정을 정복했다(68).

놀라운 점은 올림피아가 1981년 특별히 개발한 '노즐 기계장치'를 내장한, 잉크젯 프린터에 필적할 만한 텍스트 자동기계를 중국 시장에 도입했다는 것이다(69). 이 장치는 약 4,000개의 상이한 문자를 소음 없이 종이에 찍어낼 수 있었다(70). 이것은 고전적인 타자기로는 수행할 수 없는 성능이었다. 이 독특한 시스템은 중국어 텍스트를 기계적으로 처리할 수 있도록 하는 데 시금석이 되었다(71).

이러한 범용 인쇄 응용 프로그램을 위한 유연한 시스템이 개인용 컴퓨터와 그래픽과 결합될 때 어떤 놀라운 영향을 미칠 수 있을까?! 이 장치는 당시로는 최첨단 기술이었다. 여기에는 마이크로프로세서가 내장되었고, 이 프로세서는 지능형 코딩 및 저장로직을 이용하여 노즐 타자기를 통해 다양한 문자를 빠르고 편리하게 인쇄할 수 있었다. 올림피아는 다른 기업들이 그때까지 해결할 수 없었던 특정 응용분야의 도전과제를 해결했던 것이다. 그러나 이 장치의 성능은 독립 솔루션, 즉 텍스트 자동화기에서만 효과를 발휘했다. 결과적으로 올림피아는 보편적이고 개방된 개인용 컴퓨터 시스템에는 응용될 수 없었다. 그러나 최초의 애플컴퓨터나 '제록스 알토' 등은 모듈형, 개방형 네트워크 및 다기능 시스템이 상위시스템의 토대가 될 수 있도록 하는 동시에, 모든 사무업무에서 더 높은 수준으로 기계의 활용과 지원을 받을 수 있게 하는 발전의 초석을 마련했다.

기술적으로는 새로운 상위시스템에서 주도적인 역할을 수행할 수 있는 조건이 마련되었다. 올림피아가 잉크젯 프린터 및 개인용 컴퓨터의 잠재력을 더 일찍 인식할 수는 없었을까? 미약한 신호의 강력한 효과를 알았더라면 아마도 '그렇다'고 대답할 수 있었을 것이다. 현재의 시점에서 돌이켜 보면 올림피아가 당시 지니고 있던 기술의 잠재력은 명백한 것이었지만, 오늘날 어느 회사에서나 미래를 위한 개발의 잠재력을 초기 단계에서 파악하는 것이 어려운 것과 같이 미래의 발전 잠재력을 인지하는 것은 도전과제였다.

미약한 신호를 일찍 감지하는 것은 리드유저들을 통해서도 가능하다. 타자기의 포맷, 즉 숫자와 문자의 형식을 넘어서, 그래픽의 모사에 대한 갈망은 '타자기 예술' 영역에서 이미 일찍이 감지되었다. 리드유저들은 20세기 초반에 종이 위에 의도적인 문자의 배열을 통해 그래픽을 표현하고자 시도하였다. 이 그래픽은 관찰자가 거리를 두고 바라보면 그 형상이 가시화된다(그림 8의 돋보기가 있는 '타자기 예술' 그래픽 참조). 이것은 시장에서 새로운 기능에 대한 필요성을 알려주는 최초의 징후였다. 에밀 라테나우에 의해 시작된 상업 타자기 개발과 유사하게 그에 상응하는 기업가적 태도로 분명한 경제적 잠재력을 인식할 수 있었다. 이러한 요구는 '새로운 기술적 자유도'를 지닌 잉크젯과 같은 새로운 인쇄기술에 의해서 비로소 수십 년 후에 해결되었다고 할 수 있다.

올림피아는 개인용 컴퓨터의 발전이 이미 명확해진 1980년대에 이르러서야 디지털화 트렌드를 따라잡기 위해 노력했다. 올림피아는 1980년 '보스(Boss)' 마이크로컴퓨터시스템을 발표했지만, 이 제품은 호환성과 조작성 측면에서 전문가들의 비판을 받았다(72). 1983년에는 '피플(People)'이라는 16비트 마이크로컴퓨터를 내놓았다. 거의 동시에 전자 타자기 부문의 가격 하락이 발생했다(73). 1987년에는 '데스크톱 컴퓨터 및 해당 소프트웨어, 그리고 프린터를 활용한 프로그램으로 문서, 텍스트 및 이미지를 편집하는 데스크톱 출판시스템'(74)을 내놓았다. 그러나 이 시스템은 경쟁업체들에 의해 이미 2년 전에 시장에 도입된 것이었다. 이렇게 해서 올림피아는 시장에서 사라져갔다. 1995년 아에게는 올림피아로부터 분리되었으며, 올림피아의 독일 판권과 상표권은 오랜 유통 파트너였던 하인즈 프리고다(Heinz Prygoda)에게 넘어갔다(75).

지금까지 사무 세계의 기술 진보와 변화에 대해 살펴본 바와 같이 1900년부터 1960년까지 타자기와 올림피아가 비즈니스 절차의 효율성을 제고하는 데 크게 기여했다는 점에 주목해야 한다. 이 발전 과정에서 서류를 중앙 집중식으로 처리하기 위해 회사에 사무원이라는 특정 직종이 처음으로 생겼다. 1950년대에 이미 분명히 감지된 자동화된 사무실에 대한 초기 비전은 업무능력의 향상을 위해 서로 네트워킹된 컴퓨터의 도움을 받는 새로운 종류의 상호작용이었다. 그러나 사무환경에 당장 근본적인 변화가 일어난 것은 아니었다. 변화는 전문적 환경 및 이후의 퍼스널 컴퓨터를 위한 다기능 워크스테이션의 도입을 통해 일어났다. 로터스 노츠(Lotus Notes) 등 사무용 전문 소프트웨어와 결합된 그래픽, 메모리 및 네트워크와 같은 기능은 올림피아의 타자기가 그랬던 것처럼 사무프로세스와 이와 결부된 사무조직에 혁명을 일으켜 수년 동안 새로운 표준을 만들어냈다. 1990년대 이후부터 현재까지의 성장은 비선형적이었다.

올림피아는 전통적인 타자기 제조사의 관점에서 많은 일들을 제대로 해냈다. 각 전문가들의 관점에서 평가한다면 **산업분야의 논리와 목적에 부합하는 제품들을** 시장에 내놓았고, 선형적 지속발전의 전형적인 사례가 되었다. 올림피아는 프로토타입 단계에서 신제품을 위해 계속 나아갔고, **미래상에 부합하는 솔루**

션들을 미리 개발하였다. 그런데 **왜 올림피아는 지속가능하게 더 이상의 이익을 얻지 못했을까?** 과소평가해서는 안 되는 한 가지 요인은 기업이 미래상을 공유하지 않았다는 점이다. 그룹 내부적으로 올림피아는 '기계학 분과'로 구분되었고, 텔레풍켄은 'IBM에 대응하는 선봉' 정도로 인식되었다. 안타깝게도 텔레풍켄에서의 올림피아의 활약을 전체그룹이 시장에서 성공하는 것으로 연결하지는 못했던 것이다.

올림피아가 지난 수십 년 동안 보여준 시대를 앞선 반복적인 개발 접근법은 외부 관찰자의 입장에서는 놀라울 따름이다(그림 8). 1990년대 올림피아가 맞이한 파국과는 대조되게 올림피아의 직원들은 새로운 관점을 기반으로 선구자다운 새로운 접근법을 찾기 위해 반복적으로 자신의 기술적 배경을 의문시하는 독특한 능력이 있었을 것으로 생각된다. 그것이 소형 컴퓨터와 유사한 데이터 처리 시스템 '오메가'나, 유럽 최초의 8비트 마이크로프로세서 'CP 3F'였든, 또는 소프트웨어를 내장한 잉크젯 프린터이거나 기타 어떤 인상적인 개발이었든 간에, 이 모든 것들은 올림피아 직원들의 수십 년간의 혁신적 정신을 반영한 것으로서 모범적인 업적으로 기억되어야 할 것이다.

그러나 지속가능성을 유지하기 위해서는 더 많은 것이 필요한 것 같다. 즉, 끊임없이 역동적으로 변화하는 환경 속에서 지속적으로 새로운 방향성을 탐구하고, 자신의 기업을 위해 이 변화로부터 위기와 기회를 포착해 내는 것만으로는 부족하다. 이미 진화가 보여준 바와 같이 환경의 변화는 모든 종족에게 생존을 위해서는 변화 과정을 자기 생존의 핵심으로 삼을 것을 요구하고 있다(76).

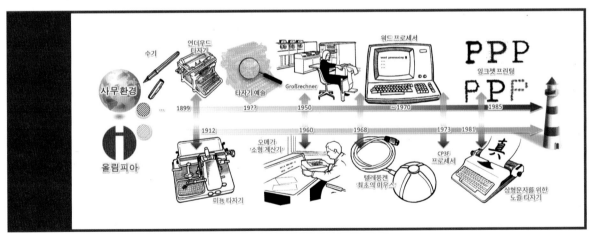

그림 8: 사무 환경과의 연관성 속에서의 올림피아의 발전　　　　　출처: 저자 제공(Schmid 2008 참조)

2.6 지속가능성은 기업의 핵심 프로세스로서 혁신적 변신을 요구한다

수많은 기업들이 기존 비즈니스 모델을 확장 또는 다각화하기 위해 혁신관리조직을 보유하고 있다. 그러나 그 관리조직만으로는 새로운 산업 및 경쟁논리를 개발하기에는 충분하지 않다. 우리가 혁신관리, 즉 아이디어의 관리를 통해 혁신적인 결과들을 얻게 되는가? 아니면 결과물들이 오히려 일반적인 것들에 머물러 있는 것은 아닌가? 물론, **혁신관리**가 단기적인 경제적 성공에 있어 어떤 가치 있는 기여를 하지 못한다는 것을 의미하는 것은 아니다. 오히려 반대로 이것은 **운영효율성**을 위해서는 반드시 필요한 것이다! 그렇다면 **혁신리더십**으로 충분할까? 혁신관리는 성능한계의 최적화 또는 목표 전환에 부합하는가?

지금까지 미래에서의 생존을 위한, 즉 지속가능성을 위한 주요 도전과제들과 패턴들을 다루었다. 경영 관련 전문서적에는 이러한 도전과제들에 대한 개별적인 관점을 다루는 수많은 사례연구들이 있다. 그러나 체계적으로 미래를 다루는 프로세스 설계를 위해 필요한 과학적 근거뿐만 아니라 운영 가능한 모델들을 제공하는 종합적인 접근법은 현재까지 알려진 바가 없다.

이 책의 다음 구성은 **운영효율성**과 **혁신리더십**의 강점을 결합해 **혁신우수성**이라는 새로운 시너지 효과를 창출하는, 소위 말하는 **혁신적 변신(Innomorphosis) 프로세스**의 네 가지 핵심적인 질문을 중점적으로 다루는 방식으로 구성하였다(그림 9).

우선 다음과 같은 질문이 제기된다. **어떻게 하면 새로운 연관성이 보이도록 체계적으로 관점들이 만들어질 수 있는가?** 올림피아의 사례는 각각의 모든 관점이 그 자체로는 거의 매력적이라는 것을 보여준다. 따라서 방향을 제시하는 획기적인 새로운 질문을 인식하기 위해서는 모든 참여자들의 '노하우'를 새로운 맥락에 놓아볼 필요가 있다. '높이 칭송받는' '노하우'에서 새로운 '노와이'로 중심을 옮기는 것**이 중요**하다. 이때 다음과 같은 근본적인 질문이 생긴다.

> ### 유지될 수 있는 지속가능성을 위한, 미래 방향성은 어떻게 생겨나는가?

새로운 '노와이'는 이미 알려진 전문가 견해에 새로운 관점이 더해져 풍요로워질 때, 또는 더 직설적으로 표현하면, 이 둘이 건설적으로 대면하게 될 때 생기게 된다. 그러나 새로운 질문들을 어떻게 체계적으로 요청할 수 있는가? 산업분야에서 기본적으로 자명한 사실들이 그 산업분야에 종사하고 있는 인사이더들에 의해 어떻게 의심될 수 있는가? 특히, 이들이 해당 산업분야에서 깊이 있는 지식과 이러한 지식에 기반하여 견고한 한계를 가지고 있는 경우에는? 가능한 한 많은 아이디어들로 혁신의 깔때기를 채우는 데 사용할 수 있는 몇 가지 창의성 기술들은 기업들에게 이미 널리 알려져 있다. 그러나 이러한 접근방법들은 신뢰할 만한 정도의 결과를 도출하고, 방향을 설정하는 과정에서 영감을 주기에는 한계를 갖는다. 더구나 수많은 대안들을 만들어내는 것은 성공적인 발전 패턴과 맞지 않는다. 이 과정에서는 오히려 방향성이 더 중요하다(그림 9).

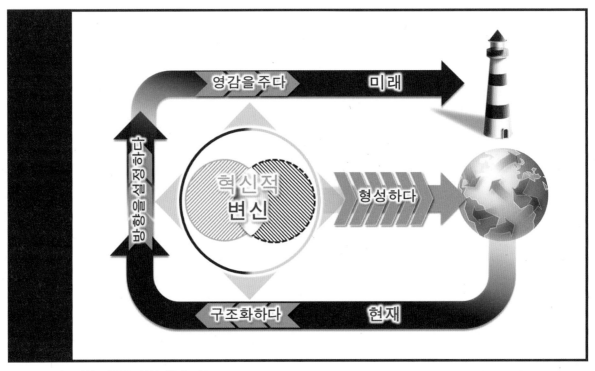

그림 9: 성공적인 변화를 위한 핵심 질문   출처: 저자 제공

그렇다면 어떻게 미래지향적 변화를 위한 접근법들에 영감을 줄 수 있는가?

이에 관해서 **논리적 통찰력**을 가진 전통적인 방식으로 분석하는 것으로는 충분치 않다. 기존의 경로로부터 이탈하기 위해서는 **분석적 창의성**을 필요로 한다. 발전의 숨겨진 성공패턴은 체계적으로 전통적 사고의 틀을 벗어나게 하는 사고의 훈련을 자극하는 전략적 지침으로 사용될 수 있다. 오늘날 상황과 이상적인 미래 사이에는 당연히 델타(Delta)가 존재한다. 오늘날 우리의 관점에서는 논리적으로 정당화될 수 있는 장벽인 델타를 극복하기 위한 사고방식이 필요하다. 보통 이러한 사고방식은 일반적으로 오늘날 논리적인 관점에서 보면 불가능해 보이는, 인정할 수 없어 보이는 문제들을 제기한다. 이런 현실에서 어떻게 미래로 가는 길을 닦을 수 있을까? 여기서는 델타가 논리의 장벽이지만 건설적으로 다뤄질 수 있는 것으로 설명하는 것이 유의미할 것이다. 한편으로는 바람직한 목표를 식별하는 것이지만, 다른 한편으로는 부자연스러운 목표들 간의 충돌 상황에 놓이게 되는 것이다. **도전과제는 오늘날의 관점에서 봤을 때 서로 상충되는 목표들을 동시에 달성하기 위해서는 결정적인 장벽으로 설명되고 있는 논리적 의존성을 해결하는 것이다.** 중요한 미래 잠재력으로 나아가는 방향을 제공할 수 있는 것이 바로 이 지식이다. 일단 모순의 관점들이 인식되면, 이를 바탕으로 새로운 질문들을 제기할 수 있다. 이러한 모순들의 해결은 오늘날 받아들여지는 산업 논리로부터 벗어나 새로운 역량으로 나아가는 전환점을 형성하게 한다(그림 9). 그렇다면 최대의 이익은 어떻게 누릴 수 있을까? 어떻게 팀이 조직되어야만 할까? 근본적인 변화 프로세스는 어떤 문화적 맥락에서 가능한가?

미래를 개척할 수 있는 변신 프로세스는 어떻게 설계될 수 있을까?

지속적 성장의 전통적인 패턴은 혁신에서 그 한계에 부딪힌다. 따라서 새로운 규칙들을 세우는 것이 중요하며, 이때 전통적 조직모델과 일반적인 프로세스들이 포괄적으로 새롭게 정의되어야만 한다. **미래의 논리는 지금의 논리와는 다른 것이다.** 궁극적으로는 전체 시스템은 다시 생각되어야 하며, 동시에 새롭게 정의된 논리에 맞춰 조정되어야 한다. 미래에 대해 생각하는 것은 경쟁 속에 있는 모든 기업들의 도전과제이다. 따라서 명백한 사고방식과 혁신이 아직 도전과제로 인식되지 못했을 가능성은 희박하다. 특히 자신의 회사를 위해 근본적·파괴적 혁신 접근법을 도입해야 할 필요성은 점점 더 커진다. 근본적인 변신의 필요성을 배경으로 궁극적으로는 다음과 같은 질문이 제기된다. **전통을 보존하는 전통적인 혁신이라는 의미에서 미래를 어떻게 지속발전 가능하게 할 수 있을까?**

이러한 토대에서 어떻게 혁신적 변신을 촉진시킬 수 있을까?

우리는 종종 현재의 관점에서 미래를 생각하기 때문에 상충되는 목표들을 해결할 수 없게 되는데, 기본적으로는 이상적인 미래상을 먼저 만들어내는 것이 더 바람직하다(그림 9). 만약 우리가 미래의 관점에서 역방향으로 회상하듯이 발전방향을 전개하고 현존하는 상황을 성찰한다면, 우리가 오늘날의 전문지식의 한계로부터 자유로워지고 타협으로부터 벗어나는 새로운 평가가 가능해질 것이다. 오늘날의 지배적인 기계론적 사고틀에서는 아리스토텔레스의 논리적 관점에서 타협 해결점을 찾게 될 것이다. 이 타협 해결방식은 다른 하나를 완전히 포기하지 않으면서 하나의 목표를 가능한 한 성취하는 것이다. 그러나 결국에는 어떤 목표도 완전히 달성할 수 없다는 측면에서 모든 타협은 태만한 타협이 된다.

미래의 지속가능성을 주장하는 기업들은 오늘날의 최적화 규칙과 새로운 고객 지향적 미래 기준 간의 충돌을 종합해 내야만 한다(그림 9의 혁신적 변신 참조).

혁신적 변신: 지속가능성은 '혁신리더십 vs. 운영효율성'이라는 모순의 해결을 요구한다(77).

혁신의 비논리
Die Unlogik der Innovation

성공적인 지속발전을 위해서 혁신가는 어떤 방향성을 설정할 수 있을까? 자연은 수백만 년에 걸쳐 놀라운 솔루션들을 제시해 왔다. 진화의 기본패턴은 스스로 발전을 실현하기 위해 다음 세대 선택프로세스('적자생존')에 따른 확률적 변이를 제공하는 것이다(78). 자연은 더 근본적인 변신 프로세스인 메타모르포제(Metamorphose)를 만들어낸다(그림 10). 메타모르포제는 기업의 변신 프로세스에 영향을 주는 영감의 원천이 될 수 있다. 왜냐하면 더 빠르고, 더 확고한 방향성을 지니고 재생산성을 더 높여, 경제적으로 성공적인 변화를 조직하는 것이 혁신가들의 도전과제이기 때문이다.

> 메타모르포제(Metamorphose, 혁신적 변신)를 통해 진화는 기어 다니다가 먹고 다시 기어 다니는 애벌레로부터 가볍게 날아다닐 수 있는 아름다운 나비가 될 수 있도록 한다(그림 10). 애벌레는 피상적으로 보면 나비와 아무런 연관성이 없다. 그럼에도 불구하고 애벌레의 종착점이 나비가 된다는 것은 이미 정해진 것이다. 그것은 단지 눈에 보이지 않아서 자신의 결과를 펼쳐 보일 수 없을 뿐이다. **새로운 맥락이 생겨남으로써 같은 것으로부터 근본적으로 새로운 어떤 것을 창조해 내는 것이 메타모르포제이다.**

어떤 패턴에 의해 혁신적 변신이 일어날 수 있는가? 미래와 오늘날의 대립은 미래에 대한 근본적인 비전이 초기 단계에서 기존의 성공패턴과 대립될 수 있다는 것을 의미하며, 현재 지배적인 산업 논리에 도전하는 갈등 영역이 촉발될 수 있다. 우리가 일반적으로 인정받고 있는 규칙들만 신뢰한다면, 혁신적인 사고 학습은 방해받게 될 것이다. 그렇게 해서 혁신은 체계적으로 억압될 것이다. 점진적 발전은 혁신적인 것으로 간주되지 않는다. 왜냐하면 여기서는 기존의 경쟁 논리가 계속 지배하고 있기 때문이다. 반면 근본적 혁신은 모순지향적인 사고를 통해 체계적으로 유발된다. 이 지점에서 패러독스적인 도전과제를 정의하는 것은 순수한 창의성을 뛰어넘는다. 왜냐하면 제대로 된 문제제기는 절반 이상의 해결을 의미하기 때문이다. 그렇게 해서 포스베리는 새로운 사고방식, 즉 사람들이 일반적으로 생각하던 도달 가능한 한계선에 대해 도전적인 시각을 가짐으로써 높이뛰기에서 혁명을 일으켰다.

더 높은 단계로 가는 발전의 기본 패턴은 새로운 차원의 자유를 창조하는 것이다. 지금까지 엄격한 종속성이 정의되었던 자리에 유연성을 허용하면 새로운 역량이 창출된다. 느슨하게 조직된 시스템은 안정적이고 강력한 시스템을 위한 기본 원칙이다(79). 새로운 차원의 자유는 여러 학문분야가 관련되어 있고, 포괄적이며, 동시에 집중 프로세스를 통해 체계적으로 탐색되어야 한다. 그것은 한편으로는, 새로운 아이디어를 위한 영감의 공간을 제공하고, 다른 한편으로는 기업 관련성을 보호해야 한다. 학제 간 다양성은 다양한 정보를 기반으로 미래에 대한 비전을 공유할 수 있는 잠재력을 만들어낸다.

그림 10: 메타모르포제(Metamorphose)를 통한 변신, 혁신

출처: 저자 제공

방향을 어떻게 설정할 것인가?

03

3. 방향을 어떻게 설정할 것인가?

오랜 기간 지속적으로 미래의 생존능력을 유지해 온 기업들은 앞만 보고 달리지 않는다. 이런 기업들의 미래에 대한 비전은 몇 세대를 앞서 있다. 개인이나 집단에 관계없이 미래에 대응하는 것은 한편으로는 참여자들 개인이 어떻게 방향을 설정하고 있는지와, 다른 한편으로는 전체 조직으로 구성된 팀이 접근할 수 있는 대응방법에 달려 있다. 이때, 미래를 설계하는 이들은 오늘날 존재하는 성공 패턴들과는 거리를 두어야 한다. 이는 어떤 형태로 나타나는가? 그들은 현재 성공하고 있는 비즈니스 모델은 기간이 제한되어 있다는 사실을 인식하고 있으며, 이러한 인식을 기반으로 미래의 그들을 강화시키기 위해 필요한 새로운 영향요인들을 찾아내는 데 기존 성공 모델들을 활용하려고 한다. 이를 위해서는 사고의 틀을 체계적으로 확장해야 한다(그림 11). 미래에 어떤 종류의 변화가 중요하게 될지의 여부와는 무관하게 그들은 이러한 질문을 던진다. '오늘날 우리 스스로 현 단계의 비즈니스 모델을 위협하고자, 우리는 무엇을 해야 하나요?' 만약 이 질문에 대한 대답이 이해관계자들이나 윤리적인 관점에서 타당하다면, 혁신가들은 이러한 종류의 미래 시나리오를 광범위하게 발전시킬 충분한 시간을 갖게 된다.

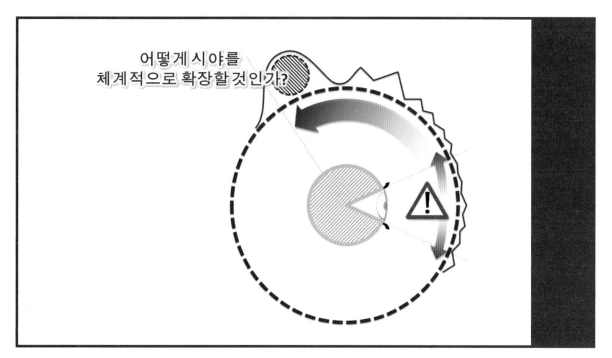

그림 11: 체계적으로 시야 확장하기　　　　　　　　　　　　　　　　　　출처: 저자 제공

그러나 미래의 관점을 다루는 것이 결코 쉬운 일이 아니며, 기존 비즈니스의 근간 또는 업계 논리 자체가 변화를 겪고 있을 때 특히 그렇다. 올림피아 사례는 오늘날 업계의 주류를 벗어난 외부에서 잠재력이 있는 분야를 포착해 내는 것이 얼마나 어려운지를 보여준다(그림 11).

3.1 다학제적 담론을 통한 관점 확장

미래잠재력의 탐색과 개발을 위한 출발점은 일반적으로 도전과제를 다루는 관찰자 혹은 팀에 의해 정의된다. 각각의 모든 참가자는 논의 과정에서 특정 관점을 제시한다(그림 12).

그림 12: 기존의 성공 패턴들을 벗어난 새로운 영향요인들의 탐색　　　　　출처: 저자 제공

결정적인 성공요인 중 하나는 이러한 관점의 다양성이다. 서로 연관성 속에서 역량, 프로세스, 요구사항 및 제품과 같은 각각의 관점들을 다시 연결하는 것만으로도 새로운 통찰력을 이끌어 낼 수 있다. 조사를 통해 확보한 정보든, 고유한 연구에 기초한 정보든 간에, 미래를 만들어 나가는 과정에서 해당

정보가 기여를 했는지에 대한 판단은 주관적 평가를 받는다. 주관적 근거에 의해 특정한 관점들이 도입되거나 허용된다. 이러한 태도는 개개인 각자의 삶에 대한 경험에 의해 결정적으로 영향을 받는다. 이것은 또한 한 개인의 힘으로 새로운 통찰력을 발전시켜 나가는 것이 어렵다는 것을 분명히 알 수 있다. 현재의 기회와 장벽들에 대한 지식이 깨뜨릴 수 없을 정도로 견고할수록, 개인이 확신을 가지고 있는 틀에 의문을 제기하고 그것을 극복하는 것이 어렵기 때문이다.

> **"그러므로, 도전과제는 누구도 보지 못했던 것을 보는 게 아니라 누구나 볼 수 있는 것에서 누구도 생각하지 못했던 것을 생각해 내는 것이다."**

항상 동일한 관찰시각으로는 미래에 대한 새로운 관점을 구축하는 것은 불가능하다. 하나의 관점에서 도출된 전문성이 다른 분야의 경험들과 결합하여 새로운 인식을 이끌어내는 경우에만 새로운 합이 나타날 수 있다. 이러한 도전과제들은 다양한 분야로 이루어진 학제 간 팀 구성을 통해 극복할 수 있다. 이러한 활동은 새로운 정보의 소스가 옳고 그른지를 명확히 하는 것이 아니라, 오히려 자신의 조직에 대해 공동으로 만들어 지속시킬 새로운 비전을 창조하는 것에 관한 것이다(그림 12). 여기에 사용된 정보들이 다양하고 특이할수록, 새로 얻은 평가에 더 풍부한 많은 영감을 줄 수 있다.

미약한 신호의 강력한 효과(2)

하나의 전문 분야에 속한 전문가들끼리만 서로 새로운 정보를 교환하게 된다면, 이들은 해당 산업계의 표준적인, 관습적인 지식을 기반으로 새로운 정보들을 평가하게 될 것이다. 이를 통해 전문가들은 예상 가능한, 별로 놀랍지 않은 결과에 이르게 되고, 이러한 평가는 소위 자기강화 시스템, 다시 말해서 전문가들이 가지고 있는 본래의 신념들을 다시 확인하게 할 뿐이다. 이때 어떤 일이 발생하는가? 공유된 전문지식을 통해 동질의 집단은 동일한 기준시스템에 따라 정보를 평가한다. 따라서 예상되는 결론은 이전에 알려진 지식들의 선형적인 연속선에 있게 된다. 이러한 동질성이 외부인에 의해 방해된다면, 공유된 지식은 외부인에게는 차별화된 전문 지식의 배경이 되는데, 이때 외부인에 의해, 즉 다른 관점들에 의해 성찰되게 된다. 이럴 때에야 비로소 객관적인 결론에 도달할 수 있게 되는데, 이때 무엇보다도 토론을 조정해야 할 필요성이 높게 요구된다. 이러한 생각을 위해 의식적으로 포럼을 만들어야 하고,

수동적인 평가보다는 거친 생각들을 능동적으로 다듬어 성숙시킬 수 있도록 지원해야 한다. 또한 모든 사람들은 제시된 사실들보다는 일반적인 결론에 대한 추가적인 토론이 더 큰 가치를 가져온다는 점을 인식하고 있어야 한다. 그래서 때로는 새로운 종류의 자극을 다른 종류의 기준시스템을 통해 부여할 수 있는 외부인, 문외한, 신참들이 필요하다. 미래지향적인 유망한 솔루션에 대한 영감을 얻기 위해서는 숙련자들의 검증보다 새로운 측면들에 대한 특이한 시각들이 더 중요하다. 미래를 위한 토론에서는 동일한 관찰대상에 가능한 한 다양한 시각들을 수용하여 적용할 필요가 있다(그림 12). **즉, 새로운 인식을 위해서는 동질적인 전문가집단 내의 교류보다 팀의 이질성이 더 중요하다.**

> **전문지식에 자극을 주는 모든 종류의 외부 시각은 혁신프로세스를 풍부하게 만든다!**

주변 환경이 매우 역동적으로 변화하는 상황에서라면 발전방향을 설정하기 위해서는 확실히 더 많은 관점들이 필요하다. 이 시점에서 한 가지를 더 언급하겠다. 공통된 비정상적인 결론을 공식화하려면 모든 참여자들의 미래지향적 사고방식이 전제되어야 한다. **새로운 관점은 전문가들의 삶의 경험에 대립되기 때문에, 모든 사람들의 노하우가 미래의 새로운 비전에 통합될 때까지 공통된 결론을 이끌어 내기 위해 오랫동안 참여할 수 있는 문화가 필요하다.** 심지어 과학 전문가조차도 똑같은 과제에 직면한다. 쿤(Kuhn)은 과학계 안에서 동일한 사고방식 및 설명 모델이 갖는 특성에 관해 서술한 바 있다(3). 위기의 상황에서 그들은 자신의 전통적인 사고모델로는 더 이상 설명할 수 없는 문제에 직면하게 된다. 이러한 맥락에서 피치만은 양자물리학이 일으킨 근본적인 변화에 관해 기술한 바 있다(4). 새로운 사고방식은 종국에는 학자들로 하여금, 비록 그들이 익숙한 도구들을 가지고 익숙한 문제를 바라보고 있음에도 불구하고, 그것을 새로운 현상과 의문으로 구성해 낼 수 있도록 만든다.

3.2 전통에 기반한 혁신의 긴장지대

비즈니스 잠재력에 대한 탐색은 여기서 중요한 역할을 한다. 이러한 탐색은 회사가 명시적으로 공식화한 비전과 비즈니스 활동을 위해 암묵적으로 우세한 프레임워크에 의해 설명되는 분야에 관심을 두게 된다. 일반적으로 이 범위 내에서 성공적이었던 기존의 비즈니스를 유지하거나 미래 비즈니스에서 성공을 이루기 위해 모든 노력을 기울이게 된다. 동시에 채택된 가정들은 특히, 운영탁월성 향상 또는 최적화에 적합한 기준틀을 정의한다.

한스위르겐 린데는 기존의 기준틀을 의식적으로 벗어나 미래지향적인 잠재적 시각들을 개발하기 위해 비전문가적 관점을 받아들일 필요가 있다고 주장했다(5). 그러나 린데의 주장에 따르면, 이것이 새로운 방향성을 인식하는 능력에 관해서는 유효한 반면, 프로세스를 설계하는 방법에 대한 지침을 제공해 주지는 못한다. 과학적인 관점에서 보면 기존의 기준점은 상위 기준시스템에서 특정한 수준의 추상화개념만을 취할 뿐이다.

"객체의 '무한성'과 자신의 인식능력의 한계 사이의 모순을 통해 개인 및 사회적 조건에 따라 인지할 수 있는 객체를 개념적으로 또는 실험적으로 만들어야 한다. 이는 객체의 부정성을 뜻한다. 현상은 원래의 것이 아닌 지식에 접근할 수 있는 구조 속에서 다양한 인지적 행위에 의해 영향을 받기 쉽다(6)."

이때 추상화는 저주인 동시에 축복이 된다. 추상화는 우리 시각을 제한하여 기존의 핵심 사업들에 초점을 두도록 하는 원인이 되는 동시에, 또한 새로운 관점으로 확장해 나갈 수 있는 기회를 제공하기도 한다(그림 13).

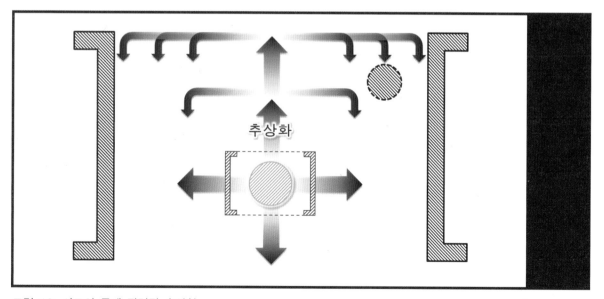

그림 13: 사고의 틀에 관련된 추상화

출처: 저자 제공

따라서, 특정한 영향력을 행사하기 위해서 우리는 추상화 과정을 좀 더 면밀히 살펴볼 필요가 있다. 추상화란 원천적으로 아리스토텔레스까지 거슬러 올라간다. 아리스토텔레스와 그 이후의 과학적 논쟁에서 추상화를 해석하는 다양한 관점들이 존재한다. 이러한 해석들이 지닌 근본적인 공통점은, **추상화가 현실의 객체에 대한 선택적 인식이라는 것이다.** 선택적이라는 것은 중요하지 않다고 간주되는 요소들을 제외하는 것을 의미한다. 복잡다단한 세계를 극복하기 위해 우리는 무의식적이고 지속적으로 모든 것을 추상화해 나갈 수밖에 없다. 이러한 방식으로 모든 사람은 자신만의 개별적인 현실을 구축한다. 여기서 발생할 수 있는 위험은 우리가 우리의 추상화된 현실을 현실로 인식하면서, 현실로 인식한 것을 깨닫지 못한 채, 현실의 다른 관점에 대한 인식은 잃어버린다는 것이다. 이를 피하기 위해 이미 플라톤은 이상적인 형태를 찾고 있었다(7).

따라서 기업의 방향을 설정하는 데 있어 더 많은 관점들을 자유자재로 다루기 위해서는 더욱더 의식적인 추상화가 필요하다. **다양한 관점들 속에서 자기 자신을 잃어버리지 않으려면, 우리에게는 전략적인 방향설정을 위한 가이드라인이 필요하다.** 자신들의 비즈니스를 새로운 차원으로 발전시키고자 하는 기업들은 진보적인 발전 방향을 따라야 한다.

이러한 방향설정과 근본적인 도전과제설정에 적절한 추상화 수준을 확정하면, 명확한 목표의식 아래 잠재력이 풍부한 지점들을 찾아내기 위해 유추의 범위를 확장할 수 있다.

예시: 달레(Dahle)

사고실험: 다음으로 넘어가기 전에 현재 문서 파쇄기에 관한 개인적인 불만과 개선방안에 대해 Top 5 목록을 작성해 보시오.

1. _____
2. _____
3. _____
4. _____
5. _____

대부분 문서 파쇄기가 너무 느리다거나, 종이가 많이 들어가지 않는다거나, 지속적으로 용지가 걸리고 금방 컨테이너를 비워줘야 한다는 점들을 지적했을 것이다. 미래지향적 혁신의 관점에서는 바로 여기에 결정적인 포인트가 있다고 할 수 있다. 왜냐하면, 단지 무엇이 어떻게 잘못되었다는 것만 물어볼 뿐이기 때문에 과제 설정자체에 문제가 있다. 혁신적인 사람들이라면 과제를 완전히 잘못 설정하고 그에 대한 최선의 답을 찾는 데 힘을 쏟아서는 안 된다!

"달레에서 수행된 1994년 WOIS 프로젝트에서는 문서 파쇄기의 잠재적 혁신가능성에 대한 탐색을 위해 더 상위의 목표, 즉 미래 고객의 니즈, 사업 혁신을 위한 계기에 대한 탐색이 진행되었다. 분석은 '종이 분쇄'라는 기능을 가진 문서 분쇄기로부터 데이터 처리 프로세스에서의 활동들까지로 확장되었다. 즉, 혁신가능성에 대한 성공적인 탐색을 위해서는 데이터의 분쇄뿐 아니라 생산, 처리, 저장 그리고 파기라는 전체 프로세스가 고려되어야 한다는 사실이 밝혀졌다. 특히 중점적으로 파악되어야 할 것은 미래의 데이터 저장 방식이었다. 여기서 바로 도출된 결론은 CD가 무엇보다 중요한 저장장치로 부상하게 될 것이라는 전망이었다. 이에 따라 WOIS 컨설팅을 통해 첫 번째 CD 분쇄기가 개발되었다. CD 분쇄기는 달레에 의해 시장에 출시되었으며, 하노버 무역박람회에서 성공적으로 소개되었다(그림 14)."

그림 14: 달레의 CD 분쇄기 출처: 저자 제공

당시 혁신가들은 다음과 같은 질문을 제기했다. 어떤 문서 분쇄기가 가장 우수하고, 근본적으로 이상적인가? 이른바 'Job-to-be-done(해결과제)'이라는 기능 중심적 방향설정으로의 관점 변화가 결정적인 자극이 되었다. 미래의 데이터는 다른 방식으로 저장되고 파기될 것이라고 인식됨으로써, 문서 분쇄라는 단순한 개발과제를 벗어나 현대 저장 미디어에 대한 데이터 보안 시스템 문제가 되었다. 그 결과물은 세계 최초의 CD 분쇄기였다!

추상화를 통해 관련 관점을 일반적인 기준틀 외부에서 식별하고, 추상화 단계에서 식별된 관점을 다시 해당 영역에 적용할 수 있다. 이러한 관점들을 기반으로 한 조사는 오늘날 인접영역에서는 단지 미약한 신호에 불과한 것 같은 경향을 나타낼 수 있지만 미래에는 자신의 활동영역에 강한 영향을 미칠 수 있다. 미약한 신호를 다루는 것은 산만한 것처럼 보이며, 분석에도 시간이 많이 소요되기 때문에 자신의 분야에 미치는 영향을 예측하기 어렵다는 문제가 있다. 따라서 이러한 전달에는 추상화 과정과 인지적 변환능력을 필요로 한다. 자기 영역 내부로의 구체화 단계를 거치지 못할 경우, 이러한 유추는 전문가들에게 여전히 미지의 영역일 수밖에 없다. 기준틀은 자기 분야의 틀과 일치할 수 없다. 명백한 것은 논쟁에서 기준틀의 위치를 바꿈으로써 필연적으로 나타나게 될 질문들에 성공적으로 대답하지 못하면, 익숙한 질문들에 대한 추가 개발에 초점이 맞춰질 수밖에 없다는 것은 분명하다.

3.3 추상화와 직관으로 미래의 이미지 개발

미래를 만들어가는 데 있어 해당 팀이 보유한 추상화 및 변환 능력은 중요한 역할을 한다. 그러나 이러한 과정이 성공하기 위해서는 학제 간의 상호논의와 유추적 발견에 대한 의지가 확실해야 한다. **이러한 과정에는 통상적이지 않은 특이한 일에 참여하기를 두려워하지 않는 높은 수준의 의지를 필요로 한다.**

유추는 새로운 인식의 단초를 성공적으로 실현시켜 보통 전체 비즈니스모델의 재설계를 요구한다. 올림피아의 예시가 이를 명백하게 보여준다. 올림피아는 항상 현대 기술 발전에 의한 새로운 기회들을 포착했었다. 올림피아는 타자기 부문에서 성공을 거두었던 것처럼 매번 세계의 업무 흐름도를 근본적으로 개혁시킬 수 있는 잠재력을 지닌 프로토타입의 제품들을 지속적으로 출시했던 것이다. 그러나 접근방식을 기계학의 세계로 바꾸려는 시도는, 즉 올림피아의 핵심 경쟁력인 고전적 경쟁분야로 되돌아가는 방식은 결국 기업의 지속적 성공을 보장할 수 없었다(그림 15).

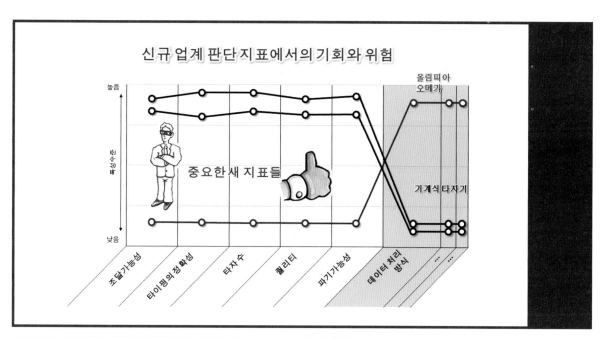

그림 15: 올림피아 사례를 이용한 기준점(reference point) 재배치
출처: 전략적 윤곽에 기초한 자신의 표현("Own representation based on strategic contours", Kim & Mauborgne 2005 참조)

'more of the same(달라질 게 없는 거기서 거기인 비슷한 것에서 더 많이)'이라는 관점에서의 추가 개발은 높은 기업가적 위험을 나타낼 수 있다. 지속가능성은 예상 가능한 수순을 밟아나가는 것만을 요구하는 것이 아니다. 지속가능성은 기존의 논리를 떠나 새로운 논리를 전체 조직에 적응시킬 것을 요구한다.

> "'알맞게 설계된 이상적 미래목표'는 탐색방향을 결정하고, 사고의 관성을 제거하며, 탐색 각도를 제한하는 수단이다. […] 처음에는 이러한 목표를 달성하는 것이 불가능한 것처럼 보인다. 그러나 발명이란 '불가능한 것을 가능하게' 만드는 것을 의미한다는 점에서 바로 이것이 발명을 일으키는 것이다. '이상적인 목표'에 대한 이러한 설계는 그것이 달성될 지점에서부터 문제해결을 위한 수단으로까지 역으로 이동할 수 있게 한다. 이때 비록 개발자는 여러 가지 이유로 그러한 이상적 목표에 도달할 수 없다는 것을 분명히 알고 있다고 하더라도, 이러한 목표를 달성하는 데 먼저 주목해야 한다(9)."

미지의 영역에서 행동력을 발휘하기 위해서는 직관이 필요하다. 직관은 단순한 우연이 아니다. 직관은 알 수 없는 주변 환경 속에서 지식을 기반으로 한 방향설정을 의미한다. 직관은 의식적인 사고과정을 보완할 뿐 아니라 무엇보다도 성공적인 사고방식을 합리적으로 찾는 데 도움을 준다. 나아가 이전 지식의 한계들이 능동적으로 지속되는 경우 직관의 중요성은 증가한다(10). 다음의 변증법(모순을 통해 진리를 찾는 철학방법)적 방법들은 린데(11)의 직관적인 프로세스에 기초한 것이다.

- 결합(Combine)

- 관계 이동(Relations Shift)

- 다양화(Vary)

- 유추(Analogize)

- 상징화(Symbolize)

- 이상화(Idealize)

- 표준화(Standardize)

- 양극화(Polarize)

- 투영(Project)

- 추상화 계층구조에서 추상화의 수준들 및 추상화 수준의 변경(Change of level of abstraction and abstraction levels in the abstraction hierarchy)

- 치환(Transpose)

서로 다른 수준의 추상화 영역들이 복잡하게 얽혀 있을 경우, 직관적 방향설정을 위해서는 팀원과 팀 전체가 더 높은 수준에 도달해야 한다. 다차원적 영역에서 각각의 관점들의 추상화 수준이 다른 경우,

복잡도는 비선형적으로 증가한다. '통합적' 분석이 너무 이른 시점에 필생의 과제로 설정될 가능성도 있다. 그러나 필요한 자원들은 사용할 수 없는 상태일 것이다.

시야를 확장하면서도, 탐색 범위는 어떻게 좁힐 수 있을까? 상호 공유되는 미래상을 통해 개별적 관점을 조명하는 것은 잠재력이 있는 영역에 초점을 맞추고, 그 영역에 주의를 집중시킨다. 실제로 현재 존재하는 장벽들을 인식하고 있는 상태라면, 그 장벽들을 극복할 수 있는 단서들을 직관적으로 인식할 수 있는 민감도 역시 증가시킨다. 그러나 모순지향적인 사고방식이 없다면, 현재 관점에서 미래를 바라보기 때문에 유추영역에서 습득된 지식은 '신뢰할 수 없는 것'으로, 나아가 미래 관련 관점들에 대한 '불신'으로 귀결될 수밖에 없다. 이러한 사실은 치명적인 결과를 가져올 수 있다. 그럼에도 불구하고, 기존의 노하우 격차는 단기간에 해소할 수 없다. 오히려 반대로 노와이를 새로운 토론의 기초로 삼는 것은 가능하다(12). 이에 따라 방향설정을 위한 이상적인 목표인 강력한 이미지를 창조해야 할 필요성이 나타난다. 이 이미지는 논증과 예측에 대한 신뢰성을 확보해 주며, 식별 가능한 장벽들이 해결되고 궁극적으로는 극복할 가치가 있다는 확신을 준다.

문제제기만 제대로 해도 이미 절반 이상은 해결한 셈이다.

추상화 맥락에서 미래상은 '등대(lighthouse)'로 표현될 수 있고, 이렇게 표현된 미래상은 기존 논리에서 벗어나 새로운 경쟁기준에 따라 영역을 새롭게 설계하도록 지원하는 추상화 과정의 핵심요소이다. 이때 등대는 보다 심층적으로 분석되어야 할 시각들에 관한 방향성을 제시한다. 등대는 미래에 대한 근본적으로 이상적인 시나리오로 이해될 수 있다. 다음 장에서는 근본적으로 이상적인 미래 시나리오가 어떤 특징을 갖는지, 그리고 미래에 대한 개발이 어떤 차원들에 따라 전개되는지 논의될 것이다.

3.4 미래로부터 역방향으로 개발

미래상은 오늘 실현가능하다고 주장하지 못한다. 또한 미래상은 특정 해에 구체적으로 실현될 수 있다고 주장하지도 못한다. 오히려 그것은 안개 속에서 방향을 안내하는 희미하게 보이는 등대와 같이, 거의 모든 수의 행동 대안들이 나타나는 것이 특징인 불확실한 환경 속에서 방향을 잡아주는 것에 관한 것이다. 이러한 종류의 '등대'는 이론적 관점에서 미래의 고객들에게 근본적으로 이상적인 혜택을 약속한다. '공간, 시간, 자원, 에너지'라는 세계의 기본 범주에 따라, 이러한 미래상은 근본적으로 모든 차원에서 자원의 투입을 줄이는 방식을 지향한다(13). 그러나 광범위한 정보를 활용해야만 투입되는 자원을 감소시킬 수 있다(그림 16). 이러한 추상적인 특성들은 미래지향적인 발전의 근본적인 방향을 나타낸다. 생체공학적인 구조가 바로 이러한 원칙을 따른다. 구성요소 내부에서 동력의 흐름을 인식함으로써 불필요한 재료는 생략할 수 있다. 이는 기업운영의 차원에도 적용된다. 전자상거래에서 고객 행동이나 고객 수요에 대한 정보는 자원을 효율적으로 활용할 수 있도록 한다. 나아가 구체적인 제품설명은 고객의 거래비용을 지속적으로 감소시킨다.

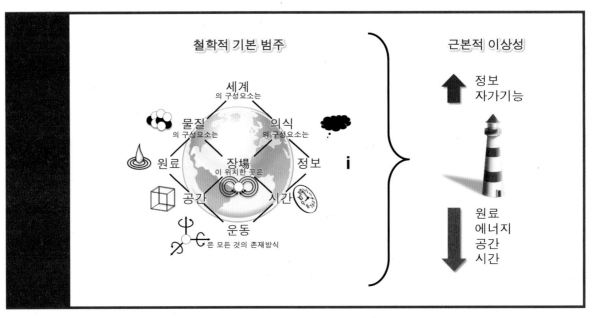

그림 16: 근본적으로 이상적인 발전방향은 세계의 기본 범주를 기반으로 한다   출처: 저자 제공

등대는 추가적인 비용을 발생시키지 않으면서도 원하는 기능을 충족시킨다는 새로운 논리를 따른다. 등대를 바라보는 관점은 사고의 심리적 장벽을 완화하도록 돕는다. 이는 한편으로 '이상적인 발전방향'을 과제로 인식할 수 있는 기회를 열어주고, 다른 한편으로는 발전의 완성 시점을 확정해야 한다는 강박으로부터 해방시킨다. 나아가 등대는 생각을 미래로부터 출발하도록 해 주며, 전문가들의 지식이나 특정한 접근법과 생각들이 오늘날의 환경에서 실현될 수 없거나 불가능한 것처럼 보이는 여러 이유들을 해소시킨다. 또한, 오늘날의 관점에서 아직 낯선 새로운 관점들을 신뢰할 수 있는 시나리오로 바

꾸기 위해, 어떤 발전방향이 미래지향적일 것인가라는 문제를 보다 더 안정적으로 논증할 수 있는 토대를 마련해 준다.

근본적 이상으로 형성된 등대들은 한편으로는 아직 알려지지 않은 미래 시나리오와 관련된 신뢰도 낮은 발전 관점과 다른 한편으로는 오늘날 믿을 수 있는 기존 업계논리 사이에 존재하는 노와이 간의 격차를 메워주는 교량역할을 한다(그림 17).

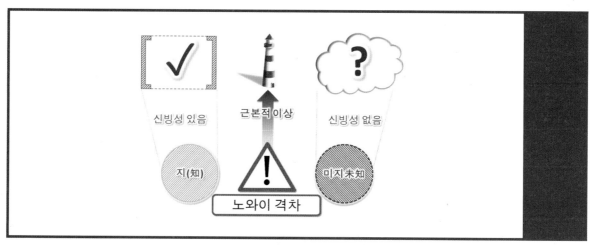

그림 17: 현재(익숙함)와 미래(낯섦) 사이 교량으로서의 등대   출처: 저자 제공

따라서 등대들은 미래지향적 발전방향을 나타낸다.

프로젝트들의 미래 적합성은 초기상황과 등대 사이에 존재하는 격차를 메우는 작업의 중요도에 의해 판단될 수 있다. 물론 이러한 평가만으로는 충분하지 않다. 개발이 보다 효율적이고 효과적인 솔루션으로 이어질 때 미래의 잠재력은 실현될 수 있다. 따라서 이상적으로는 혁신이 효율성을 높이면서 효과성도 높이게 된다. 자연의 발전 역시 이러한 기본 모델을 따른다. 생체공학과 관련된 솔루션들은 혁신을 위한 영감의 원천으로 사용될 수 있는 수많은 접근방식을 제공한다. 브라운가르트(Braungart)는 해로운 것을 피하는 것보다는 더 많은 혜택을 만드는 것이 더 뜻있는 일이라고 주장한다. 나아가 그는 어떤 해로운 영향들을 제거하면서 동시에 지능적으로 소비하는 것이 자연의 법칙이라고 말한다(14). 이러한 과정은 'more for more'라는 고전적 모토와는 확실히 구분된다.

가장 효율적이면서 동시에 가장 효과적인 솔루션은 어떤 패턴을 따르는가?(15) **자연과학, 생물학, 사회학 분야의 저명한 과학자들은 자체 조직화(self-organization)의 원리는 진화의 기본법칙이라고 기술한 바 있다**(16). **따라서 가장 효과적인 솔루션은 '시스템 및 주변 환경에 이미 내재한 고유 자원에서 '자가 기능(self function)'을 구성하기 위한 구조를 창조'하여 혜택을 증가시키는 솔루션이다**(17). 이는 추가 구조를 만들거나 추가 자원을 투입하지 않고서도 필요한 기능을 수행할 수 있는 솔루션이다. 예를 들어, 도로에서 로터리는 신호등 없이 우선통행법칙을 통해 자체적으로 트래픽을 규제한다. 샤프는 샤프심의 기하학적 특성에 의해 스스로 끝을 뾰족하게 유지하기 때문에 연필깎이 없이도 사용할 수 있다. 빗물 센서는 운전자가 추가적인 조작을 하지 않더라도 와이퍼 속도를 스스로 조절한다. 기능충족을 목적으로 처음 떠올린 아이디어들은 불가능하거나 핀트가 어긋났거나 불충분해 보여도 '자가 기능'의 원칙을 기반으로 한다면, 그러한 아이디어들을 실현시킬 대안적 가능성들을 찾아나서는 것이 바람직하다.

> **"첫 아이디어는 볼품없어도 좋다. 제대로 된 발전방향인가가 중요하다."**

가장 효율적인 발전방향은 세계의 기본 범주를 따른다. 세계는 물질과 의식으로 구성되어 있다. 물질은 원료와 장(field)으로 구성되어 있고 의식은 정보들이 연결되어 있는 장이다. 원료, 장 그리고 정보들은 시공간 안에 존재한다. 공간과 시간은 운동을 기술한다. 따라서 운동은 모든 것의 존재방식이다(19).

이러한 기본 정의 안에는 '목적을 지닌 운동의 조직화'가 획기적인 능률향상을 위한 실마리가 될 수 있다는 지침이 숨겨져 있다. 게다가 기본 범주는 어떤 차원에서 효율적인 솔루션이 가능할 것인지 그 방향을 설정해 준다. 효율적인 솔루션이란 같은 목표를 달성하는 데 재료, 에너지, 시간 및 공간 투입을 줄이는 솔루션을 의미한다. 이를 가능하게 만드는 방법 중 하나는 정보를 지능적으로 활용하는 것이다 (20). **정보는 나눌수록 더 증가하는 세상의 유일한 자원이기 때문이다.** 이러한 정의에 의해 지금 일어나고 있는 정보기술 혁명의 영향력을 실감할 수 있게 된다. 비즈니스 모델, 서비스 모델, 심지어 실제 제품도 지능적인 정보 네트워킹을 통해 비선형적으로 성능이 향상된다.

혁신의 비논리
Die Unlogik der Innovation

Take away

다음의 전략적 상황들은 기업들이 지속가능성을 유지하기 위해서는 사고의 틀이 확장되어야 한다는 사실을 보여준다.

- 한편으로는, 경쟁에서 제품 및 서비스의 차별화 감소는 상당한 가격 압력을 발생시킨다. 게다가 제품 및 서비스 포트폴리오 성과는 이미 자연적인 한계에 도달했다. 즉, 추가적인 개발을 위한 비용이 효용을 넘어서거나 제품 및 서비스를 더 이상 개선할 수 없는 상태가 되고, 현재의 업계논리를 바탕으로 하는 한, 더 이상의 발전은 불가능하다.

- 그러나 동시에 산업의 발전 주기가 매우 짧기 때문에, 혁신에 대한 강한 압박이 지속적으로 존재한다. 업계 차원에서는 모든 경쟁자들의 새로운 개발은 비슷한 규칙과 기준을 따른다. 그리고 한 기업 내에서는 가치사슬을 따라 서로 다른 영역 간에 매우 심하게 상충되는 상황들이 발생하여 비즈니스의 효과적인 공동개발을 방해한다. 우리는 이때 나타날 수 있는 결과들을 당시 선도적 타자기 제조사였던 올림피아의 사례에서 확인할 수 있었다. 이 기업은 매우 정밀한 활판인쇄술과 수준 높은 폰트 품질로 유명했다. 동시에 기업의 직원들은 잉크젯 프린터를 미래의 기술로 예측하고 개발할 만한 충분한 선견지명도 갖고 있었다.

- 만약 현재 비즈니스 모델의 프레임워크 조건들이 생태계의 발전으로 인해 변화했거나 또는 미래에 변화할 것으로 예상된다면, 과거와 비슷한 추진력으로는 새로운 성공은 불가능하다. 그래서 달레가 데이터 처리 방식의 변화에 미리 대처해야만 했던 것이다. 앞서 살펴보았지만, 사무실에서의 데이터 처리 보안문제는 문서 분쇄기에서 끝나지 않았다.

오랜 기간 동안 미래의 생존능력을 유지해 온 기업들은 단순히 앞만 보며 달리지 않는다. 성공적으로 미래를 만들어 나가는 사람들은 현재의 성공 패턴들과 일정한 거리를 계속해서 유지한다. 그들은 현재 시점에서 구성한 자신들의 비전을 통해 여러 세대를 앞서 나간다. 그러나 미래의 관점을 다루는 것은 결코 쉬운 일이 아니다. 개인의 인생 경험 및 소속팀의 태도가 이러한 관찰시각을 특징짓는 데 결정적인 역할을 한다. 중요한 프레임워크 조건들과 관찰시각의 한계점들이 이미 팀 구성원들의 임명에 의해 선 정의된다. 팀을 구성하는 단계에서 자극이 없을 경우, 필요한 기준점의 다양성이 충분히 확보되지 않을 뿐만 아니라, 이로 인해 전략적인 논의과정에서 새로운 관점들 간의 참신한 연결, 이를 통한 새로운 종류의 미래상 구축이 저해된다. 새로운 통찰력은 오직 지금까지 각기 고립되어 발전했던 전문가들의 견해가 하나의 새로운 통합체로 나아갈 때만 나타날 수 있다. 토론 문화가 다양한 관점을 뒷받침하는 데서 그치지 않고, 그 관점들을 존중하는 데까지 이른다면 학제 간 여러 분야의 전문가들로 이루어진 팀의 체계적인 작업이 가능할 것이다.

미래개발자들로 구성된 성공적인 팀은 기존 발전경로를 개선하는 것을 목표로 삼지 않는다. 그들은 다른 태도로 도전과제에 접근한다. 그들은 다음과 같은 질문을 제기한다. "어떤 미래 시나리오가 오늘날의 성공적인 모델 자체를 가장 크게 위협할 수 있는가?" 그들은 근본적으로 이상적인 미래상에서 출발하는 사고를 통해 진보를 이루어낸다.

한편, 기업은 지속가능성을 구축하기 위해 오늘날 성공모델의 전통을 유지하는 것이 필요하다. 그러나 다른 한편에서는 재개발은 근본적인 혁신을 요구한다. 미래를 만들어나가는 자는 이 지점에서 한 방향 또는 다른 방향만을 선택하지 않는다. 그들은 모순지향적이며 운영효율성과 혁신리더십을 동시에 추구한다. 지속가능성은 이 지점에서 어떤 타협도 허용하지 않는다(이러한 맥락에서 WOIS 비디오 '혁신적 변신(Innomorphosis)'을 참조, 그림 18).

온라인 사례
www.wois-innovation.de/ueber-wois/

그림 18: WOIS 비디오 '혁신적 변신(Innomorphosis)'   출처: 저자 제공

영감을 어떻게 줄 것인가?

04

4. 영감을 어떻게 줄 것인가?

"19세기 말 위대한 시대의 시인들이 영감(inspiration)이라고 칭했던 것에 대해 명료하게 이해하고 있는 사람이 있을까? 여기서 그것을 설명해 보려고 한다. 사실 미신을 거의 믿지 않는다고 하더라도 화신이라는 개념이, 단지 대변자 또는 압도적 힘의 매개수단이라는 생각을 무시하지는 못할 것이다. 형언할 수 없는 확신과 예민함을 통해 갑자기 보이거나 들리는 어떤 것, 사람의 가장 깊은 내면을 뒤흔들고 전율케 하는 어떤 것이라는 측면에서, 계시(revelation)라는 개념은 단순히 사실의 묘사일 뿐이다. 당신은 듣지만 보지 못하고, 받아들이지만 묻지는 못한다. 생각이 망설임 없이 번개처럼 필연적으로 번쩍이는 것. 나는 선택의 여지가 없었다(1)."

지속가능성은 새로운 다른 것들과의 대립을 필요로 한다. 수많은 연구 분야가 다양한 관점에서 이와 관련된 주제를 다루며, 유익한 것과 막아야 할 것들에 관해 고민하고 있다. 이 장에서는 성능 한계의 확장에 필수적으로 필요한 기본태도에 대한 의식을 높이기 위한 실질적인 관점에 대해 논의할 것이다.

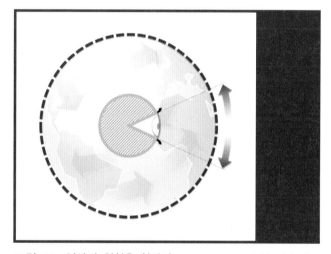

그림 19: 영감의 원천을 찾아서　　　　출처: 저자 제공

잠재력의 탐색은 하나의 기준점으로부터 출발하는데, 그 기준점이 암시적으로 또는 명시적으로 선택되었는지는 중요하지 않다(그림 19). 보통은 지식, 경험 그리고 직관과 관련된 기준점이 가능한 한 적절하게 선택되므로 그 기준점은 오늘날의 활동 분야에 중점을 두어 선택되는 것이다. 여기에는 기준점의 사소한 이동이라 하더라도 원래 선택된 기준 프레임워크가 새로 생겨난 의존성을 더 이상 파악할 수 없게 될 위험성이 있다. 고전적 견해에 따르면 100%의 확실성을 가지고 '정확한' 방향을 인식할 수 있으려면 가능한 모든 기준점으로부터 주변 환경을 완전히 또는 전체적으로 관찰할 수 있어야 한다. 이 과정에는 최대 시간과 자원 투입을 필요로 한다. 따라서 복잡한 네트워크 문제들은 처음부터 완전성을 주장하는 것이 금지되는데, 하나의 분석이 끝나기 전에, 이미 새로운

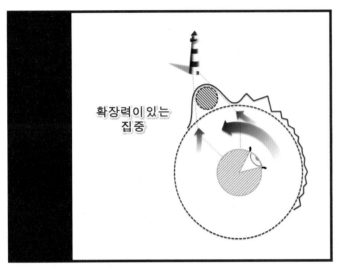

그림 20: 미약한 신호의 강력한 영향력을 선취함으로써 기준점 이동
출처: 저자 제공

기준 프레임워크가 전개되기 때문이다. 오늘날에는 초기 상황에 대해 완전하게 분석한다는 것이 점점 더 비현실적으로 되고 있다. 따라서 재빨리 잠재 영역에서 관련된 지표들을 찾아내는 방법이 필요하다. 그러한 방법들은 방향 찾기를 방해하지 않으면서 탐색범위를 불필요하게 확장하지도 않도록 도와준다(그림 20).

최초의 방향설정을 위해서는 대략적인 조망이 유용하다. 이와 동시에 탐색영역을 너무 대략적으로 선택하지 않도록 해야 한다. 그렇지 않으면 잠재력이 풍부한 방향을 간과하는 위험성이 생겨날 수 있다. 미약한 신호의 강력한 효과를 고려하는 것이 중요하다(그림 20). 탐색 전략 개발을 위해 많은 사람들은 종종 자신의 직관에 의존한다. 이때 이 직관은 항상 그들의 사고틀 내의 관점을 참조한다는 것을 사람들은 거의 인식하지 못한다. 이것이 새로운 방향의 감지를 훨씬 더 어렵게 만드는데, 심지어 전문지식이 풍부하여 매우 견고한 사고 패턴을 가지는 경우에는 새로운 방향을 감지하는 것이 거의 불가능해진다.

새로운 잠재력이 있는 방향을 식별하기 위해서는 창의성이 필요하며, 이것은 실질적으로는 전혀 새로운 지식은 아니다. 창의성 기법을 사용한다는 것은 혁신 과정에서 사고의 자유를 창출한다는 것을 의미한다. 그러나 기업의 활동은 경제적 효율성과 효과적이고 효율적인 프로세스 설계를 필요로 하기 때문에 이러한 자유와 대립한다. 따라서 창의성만으로는 부족하고, 미래의 활동 분야에서 기업의 관련 방향을 식별하고 초점을 맞추기 위해서는 방향을 찾는 수단의 지원을 받아야 한다.

"대중 토론에서 합리성과 창의성은 대립되는 개념으로 인식되는 경향이 점점 더 심해지고 있다. 아울러 의도적 또는 목적 있는 사고의 통제로부터 상상력을 해방시켜야 한다는 목소리 또한 높아졌다. 과학과 예술 분야에서의 중요한 작품들은 독특하고 독창적인 직관의 산물들로 단순히 설명될 수 없다. 일상적인 문제뿐만 아니라 과학적인 문제를 해결하는 데 있어서 논리적 사고와 창의적 사고는 결코 대립되는 개념이 아니

그러나 동시에 필요한 전문지식은 변화에 한계를 만드는 요소이기도 하다. 이것은 전문가들에게 한계를 형성하도록 하는 동시에 한계를 넘어서는 변화가 불가능한 이유를 합법화하는 기초이기도 하다. 진보와 획기적 혁신을 위해 어떻게 이미 구축되어 있는 전문지식으로부터 해방될 수 있을까? 해방이 있어야만 현존하는 역량이나 성능 한계를 뛰어넘어서 생각할 수 있다. 왜냐하면 미래지향적인 혁신 잠재력의 식별 및 설계는 개념적 프레임워크를 인식하고 그 결과로 야기된 모순에 대한 의도적인 극복과 연결되어 있기 때문이다. 여기에는 워렌 베니스(Warren Bennis)의 다음과 같은 말이 유효하다. "관리자는 일을 올바르게 하는 사람이고, 리더는 올바른 일을 하는 사람이다(3)." 또는 "기업을 경영한다는 것은 의미를 부여한다는 것을 뜻한다. 다시 말하면, 무엇을 어떻게 하는지에 관한 노하우에 대한 질문에서 왜 그리고 무엇을 위해 하는지에 관한 노와이에 대한 질문으로 넘어가야 한다는 것을 의미한다. 프로세스에서 노하우가 중요하다는 것은 자명한 일이다. 그러나 여기에만 집중하게 될 경우 범위가 너무 좁아져서 우리는 당장의 현재 상태만 보게 되는 것이다(4)."

지속가능성을 위해서는 '둘 다 취하라!(Take both!)'이다.
혁신가들은 기존의 노하우와 미래지향적 노와이로부터 합을 도출해 낸다.

교육 시스템은 점점 더 많은 지식을 전달해야 하는 도전에 직면해 있다. 그렇지만 이 모든 것을 습득하기에는 충분한 시간이 없다. 따라서 고전적인 교육 경로는 점점 더 전문적인 방향을 지향한다. 그러나 이것은, 모든 교육은 교육의 일부분일 뿐이어서, 자신의 영역을 넘어서는 지식은 점점 더 제한된 상태로 소통될 수 있기 때문에 상황을 악화시킨다. 개인적인 교육의 결과로 개개인의 기준시스템은 필연적으로 시간이 지남에 따라 강화된다. 따라서 전문영역에서 명확하고 상호 구분되는 사고방식이 구축되며, 그들의 언어, 방법, 수단이 서로 호환될 가능성은 점점 희박해진다. 이것이 개인적인 삶에서 성공적으로 전개되면, 시간이 지남에 따라 자신만의 고유한 개인적 안락 지대, 즉 성공적으로 행동하고, 성공적으로 결정하며 주권적 행동이 허용되는 영역의 형성이 가능하게 된다(그림 21).

이 영역은 불확실성 없이 안전하게 이동하고 방향을 잡을 수 있는 틀의 역할을 한다. 이때 무의식적으로 진행되는 사고방식은 인지와 이해에 근본적으로 영향을 미치게 되는데, 이러한 방식으로 개인의 행동을 위한 틀을 설정한다. 그러나 혁신은 바로 이 안락 지대를 떠날 것을, 그리고 그렇게 함으로써 경계를 파괴할 것을 명시적으로 요구하고 있다. 다른 전문분야의 기준틀을 자신의 지식과 연관시키는 것이 중요하다. 그런데 이것은 상호작용의 복잡성을 비선형적으로 상승시킨다. 이 상황을 극복하기 위해서는 복잡성 관리가 필요하다(5). 또한 혁신가들은 기존의 사고패턴을 새로운 시각으로 대면할 수 있다. 이러한 토대에서 미래의 잠재력을 식별해 내고 평가하며 개척하기 위해 기존의 인지 기준시스템과 평가시스템을 변환시킬 수 있다. 왜냐하면 혁신가들은 오늘날의 관점에서는 여전히 '생각할 수 없는' 것을 실현하는 사람들이기 때문이다.

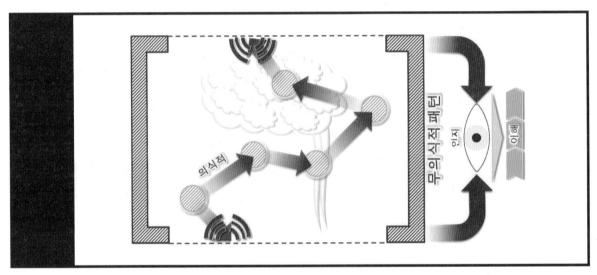

그림 21: 무의식적 패턴이 사고와 행위의 틀을 형성한다.　　　　　　　출처: 저자 제공

4.1 근본적인 혁신은 업계 논리를 넘어서는 평가기준을 요구한다

미래에 대해 생각할 때, 사람들은 직관적으로 오늘날의 지식과 경험에 무의식적으로 연결되어 있는 기준점에서 출발한다. 지속가능성은 새롭고 차별화된 것을 요구한다. 이때 많은 사람들이 자신의 사고틀을 벗어나기 위해서 창의성 기법을 이용한다. 이러한 방식은 광범위하지만 다양한 아이디어들을 창출한다. 품질은 확립된 업계기준에 근거해 우선순위를 정하는 절차에 의해서만 실현될 것으로 보인다. 그

러나 이러한 기준들이 오늘날의 성공 공식을 따를 경우 그 결과는 오늘날의 것을 계속 반복하는 것일 수 있다. 또한, 새로운 것은 과거의 기준으로는 측정할 수 없는데, 기업은 그것을 인지하지 못한 채 도태될 위험에 처하게 된다. 왜냐하면 경쟁 규칙과 아울러 경쟁 분석 기준도 변할 수 있기 때문이다. 다양성으로 인해 지배적인 업계논리를 벗어날 수 있는 방법을 찾기란 쉽지 않다. 따라서 필요한 것은 오히려 그 반대로 미래의 핵심에 관한 강력하고 집중된 몇 가지 논의들이다.

이를 위해 필요한 관점과 질문을 허용하는 것은 논리의 기준으로 판단하면 비현실적이어서 실현 불가능해 보인다. 이러한 맥락에서 보면, 먼저 자신의 분야에 대한 새로운 시각을 마련해야 한다는 점이 분명해졌다. 자신의 기준점이 새로운 관점에서 고찰되어야 한다. 고유한 안락 지대의 안정성에 대한 기본 가정들이 미래에는 바뀔 것이라는 사고방식으로 대체된다면, 이러한 새로운 관점에서 자신의 기준점을 고찰하는 것이 훨씬 쉬울 것이다.

따라서 고전적 혁신프로세스 및 창의성 기술을 넘어서는 미래와 관련된 기준들을 도출하는 것을 지원할 수 있는 방법론이 절실히 요구된다. 오늘날의 기준들을 체계적으로 극복하기 위해서는 더 많은 근본적인 논의들이 이뤄져야 한다. 자주 활용되고 있는 '트렌드' 개념은 이미 진행되고 있는 변화를 설명하는 것이라서 반드시 미래의 발전을 설명하는 것은 아니다. 또한 트렌드의 유효성은 시간적으로나 맥락상으로 보면 매우 제한적이다.

혁신프로세스 내에서 분석 외에도 개인 또는 집단의 창조적인 능력이 특별히 중요한 역할을 한다. 새로운 관점들은 종종 '아직 성숙하지 않은 미숙한 날 것'의 형태이기 때문에 구체적으로 응용 가능한 상태가 아니다. 따라서 혁신의 담론에는 변화 방향과 관련된 지식에 대한 민감성과 더불어 자신의 환경을 발전하게끔 변환시킬 수 있는 창조적 역량을 필요로 한다. 혁신가들은 원하는 강력한 효과를 얻을 수 있는 방향으로 스스로를 통제하고 미약한 신호를 해석해야만 한다. 이러한 핵심능력은 슘페터가 말한 '창조적 파괴'의 초석이 된다.

이미 강조했듯이 기존 기업을 위한 비즈니스 모델의 재구성은 보존 가치가 있는 전통적 가치에 기반을 둔 새로운 기능을 개발하는 것과 같이 전통을 지키면서 개혁하는 것이다. 새로운 맥락을 만들어냄으로써 산업에 혁명을 일으킬 수 있다. 모든 종류의 재구성 및 성공적인 재구성은 결국 업계를 변화시켜 오래된 것을 '파괴한다'. 이러한 보존 가치가 있는 것과 아닌 것에 대한 분리의 과정은 새로운 질서를 만들어내기 위한 자연스럽고도 필연적인 과정이다. 새로운 관점의 추구는 필연적으로 개인의 사고메커니즘과 관련이 있다. 에드워드 드 보노(Edward de Bono)는 창의성 분야에 관한 자신의 연구에서 '측면적 사고(lateral thinking)'라는 개념을 도입하였는데, 이것은 개인의 창의적 업무능력을 향상시키는 것을 목표로 하는 학습 가능한 사고기술을 의미한다(6).

"측면적 사고는 사고패턴의 재구성(직관)과 새로운 패턴의 자극(창의성)을 다룬다(7)."

측면적 사고의 개념에 대해 더 논의하기 전에 인지과정에 대해 더 깊게 이해할 필요가 있다.

우리가 사고하는 방법은 우리의 사회, 교육, 학교 및 대학에서의 교육과정에 의해 지대한 영향을 받는다. 우리는 이미 어린 시절에 학교에서 사전에 정의된 패턴과 방법에 따라 원하는 변수로 주어진 과제를 해결하는 원리를 배우고, 대학 교육에 이르기까지 이러한 논리기반의 접근법을 따른다(그림 22). 인지 전문가들은 개인의 결정을 의식적 사고과정과 무의식적 사고패턴의 조합으로 설명한다(8). 패턴은 지식, 경험 및 개인의 직감을 기반으로 할 뿐만 아니라 적극적인 사고과정의 배경에서 정보를 구조화하고 필터링한다.

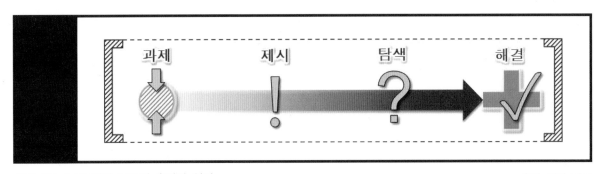

그림 22: 논리 기반 교육의 추상적 원리 출처: 저자 제공

또한, 전문가 관점에서의 지식은 항상 개인의 사고패턴에 기초하여 정보를 인지하고 그것을 처리한 결과이다. 이 현상은 '수직적 사고(vertical thinking)'로 특징지을 수 있다. 호프슈타터(Hofstadter)에 따르면 지식을 획득하는 과정은 지속적인 연상으로 특징지어진다(9). 그러므로 이성은 연상을 사용하여 기존 사고패턴에 새로운 정보를 투사하고 이 과정을 통해 새로운 정보를 통합하거나 배제한다. 이러한 개인적으로 형성된 인지 프로세스의 과정에서 사고패턴은 변하지 않고, 다만 더 많은 정보 모듈만이

덧붙여진다. 이에 관해서는 모자이크 그림이 적절한 비유가 될 수 있다. 모자이크 그림에서는 이러한 방식으로 개별 모자이크가 기존에 있는 구조에 덧붙여짐으로써 하나의 큰 그림을 만들어낸다. 여기서의 핵심은 최종적으로 조합된 그림이 결정적으로 기본 구조, 즉 첫 번째 이미지 빌딩 블록에 의해서 정의된다는 것이다(10). 그림이 추후에 그림에 덧붙여진 모자이크에 의해 근본적으로 새롭게 구조화되는 경우는 거의 없다. 따라서 그림은 아주 초창기에 최초의 인식 모자이크에 의해 결정된다. 가장 심각한 경우, 그것이 잠재의식 선택과정이 존재한다는 '무의식'에 의해 영구적으로 변하지 않은 채로 유지되는 것이다. 새로운 정보가 반드시 새로운 통찰력을 제공하는 것은 아니나, 이것은 새로운 정보가 미래와 관련성이 높을 경우 심각한 결과를 초래할 수 있다.

"정보의 평가는 정보가 발생하는 시간과 순서에 따라 달라진다(11)!"

최적화 규칙과 사전 정의된 솔루션 경로 및 패턴은 이미 존재하기 때문에 이러한 것들을 바탕으로 하는 사고패턴은 기존 비즈니스 모델과 관련된 운영효율성을 설계하는 능력을 뒷받침해 줄 수 있다. 그러나 이들은 근본적인 리포지셔닝을 복잡하게 만들거나 체계적으로 방해한다. 사고패턴은 자주 사용될수록 더 강하게 고착화되는 경향이 있고, 개별적으로 진행되는 모든 연상 프로세스의 근간이 된다. 따라서 시간이 지날수록 개인들은 확고하게 자리잡힌 사고패턴인 자신의 논리적 사고틀에서 벗어나는 것이 점점 더 어려워지게 된다.

이 싸이클은 인지와 개인 경험 사이의 자기 강화적 흐름으로 해석될 수 있으며, 사고를 구조화하고 조종하는 패턴들이 형성되도록 한다(그림 23).

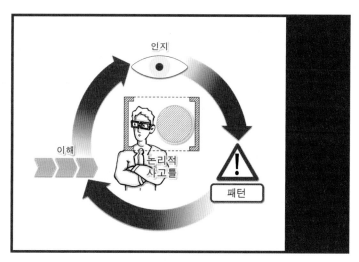

그림 23: 논리적 사고틀의 자기 강화적 싸이클 　　출처: 저자 제공

사례: 포르베르크(Vorwerk)

지속가능성을 위해 가장 중요한 요소는 근본적 이상성(radical ideality)을 인정하는 것이다. 즉, 새로운 기준을 명확하게 하는 미래 비전을 개발하는 것이 목표이다. 2005년까지 포르베르크는 청소용품을 개발할 때 청소기능의 향상에 우선순위를 두었는데, 즉 '깨끗하게 하는 것'의 최적화가 가장 중요했다. 그러나 고객의 관점에서 보면 아무도 청소를 원하지 않는다. 따라서 '깨끗한 환경에서 좋은 기분을 느끼는 것'이 훨씬 더 매력적인 가치 제안이 될 것이다. 겉보기에는 짧은 이 문구가 사고에 있어서 근본적인 방향 전환을 야기시킨다.

새로운 변수들이 우선순위를 갖게 되면, 그것들이 사고의 자유를 열어준다. 이제 목표는 더 이상 필터성능 향상과 흡입력 증가가 아니다. 청소에 걸리는 전체 시간과 같은 새로운 요소들이 전면에 대두되었다. 이것은 근본적으로 새로운 잠재력이 있는 분야를 열어준다.

이러한 방향전환이 포르베르크의 제품포트폴리오에 대대적으로 반영되었다. 단단한 바닥재가 독일에서 가장 많이 사용되고 있었다. 이러한 바닥재를 청소하는 것은 다른 어떤 것을 청소하는 것보다 훨씬 더 힘들다. 이러한 바닥을 제대로 청소하기 위해서는 빗자루나 진공청소기로 먼지를 제거하고, 물걸레질을 한 뒤 건조해야 더러운 얼룩이 생기지 않는다. 이 때문에 80제곱미터 규모의 주택 청소를 위해서는 240제곱미터를 청소하는 마라톤을 해야 했다. 또한 개인의 경우 이 작업 단계를 모두 직접 수행해야 했다. 포르베르크의 진공물걸레(그림 24)는 이러한 4단계로 이루어진 과정을 하나의 과정으로 통합시켰고, 이를 통해 고객의 청소시간을 반으로 줄였다. '깨끗한 환경에서 좋은 기분을 느끼는 것'이라는 가치 제안은 청소로봇을 통해 한 걸음 더 진보했다. 청소로봇은 고객이 집에 없을 때 청소를 함으로써 '좋은 기분을 느끼는 것'에서 '편리한' 것으로 가치 제안을 만들어낸다.

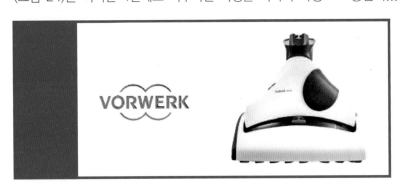

그림 24: 포르베르크의 진공물걸레   출처: 저자 제공

> "이것은 계속해서 놀라운 접근법들을 마련해 두고 있는 미래의 로드맵으로 나아가는 첫걸음이다."
> 포르베르크 CEO 토마스 로데만 박사(Dr. Thomas Rodemann)

우리 이성의 작동방식은 진화적이다. 처리 메커니즘은 우리가 일상적인 감각 과부하를 대처하는 데 도움을 준다. 피상적으로만 살펴보더라도, 갈수록 복잡해지는 이 세계의 상호작용 속에서 경험 패턴에 기반한 의사결정은 여전히 빠르고 명확하게 이루어질 수 있다. 동시에 삶의 경험이 증가하고 일상생활도 증가함에 따라 우리는 민감성을 상실해 간다. 인지하는 필터링 메커니즘이 증가했기 때문에 잠재적인 미래와 관련된 신호 및 연관성이 체계적으로 가려져 보이지 않게 된다. 이것은 점점 복잡해지고 서로 연결된 상호관계의 맥락에서 특별한 의미를 지니게 되는데, 그 이유는 개인적인 기준틀을 훨씬 벗어난 개발들은 도미노 효과를 유발하여 자신의 개발에 영향을 미칠 수 있는 큰 잠재력을 가질 수 있기 때문이다. **초기의 미약한 신호는 소위 사고패턴에 의한 사전선별 과정 속에서, 나아가 개인적 직관에 의해 희생될 수 있다(12). 이러한 배경 때문에 문제에 대한 차별화된 관점들을 조합하는 것은, 미래 설계자들이 자신의 사고 속에서 이렇게 미약한 신호들이 희생될 수 있다는 사실을 알고 있다고 가정할 때, 미약한 신호들이 희생될 가능성을 최소화할 수 있다.**

단기적이고 직관적인 행동은 종종 장기적으로는 불리한 결정을 희생하면서 발생한다. 드 보노는 이러한 제한적인 수직적 사고는 개방적인 측면적 사고에 의해 보완되어야 한다고 주장한다(13). 새로운 것을 인식하고 '올바로' 이해할 수 있기 위해서는 기존의 패턴을 창조적이고 창의적인 활동의 맥락에서 의식적으로 재구성해야 한다(14). 이러한 맥락에서, 다음은 자신의 고유한 사고 및 의사결정 과정에서 거리를 유지하지 못하고 다양한 도전과제들에 대해 차별화된 사고 과정을 사용하지 못하는 사람들을 위한 문구이다.

각각의 개인이 더 많은 경험을 쌓을수록 그의 개인적인 논리적 사고틀은 점점 더 견고해진다.

드 보노는 '측면적 사고'를 추천하면서, 그 일환으로 의식적으로 다른 사고과정을 사용할 것을 제안한다(15). 특히 도전과제에 대한 논의에서, 측면적 사고와 같은 차별화되고 사전 강조된 사고과정은 이러한 사고과정이 없었더라면 드러나지 않고 가려지거나 또는 알려지지 않았을 일련의 새로운 통찰력을 창출해 낸다. 기존의 사고틀이 극복되어야 하기 때문에 지속가능성을 위한 목표는 상당한 목표설정이라고 할 수 있다. 여기서 중요한 것은 모든 개개인이 자신의 종래의 사고틀을 알고 의식적으로 사고의 관점 전환을 통해, 의도적으로 그러한 사고틀에 대해 의문시할 수 있어야 한다는 것이다. 개개인은 다음의 인용문에서 설명하고 있는 것처럼 자신의 직관을 새로운 수준의 의식으로 이끌어가야 한다.

직관은 인간의 사고과정, 특히 문제해결 과정의 한 요소이며, 다음과 같이 그 자체의 특성을 지니고 있다. 그것은 비논리적(illogical)이고 논리적으로 모순되는 프로세스라는 의미에서 의식적이지만 논리에 반하지 않으며, 불합리하지도 않다. 아울러 기술 시스템의 문제해결 프로세스에서는 자연과 사회의 진화법칙에 따른 직관을 의미한다.

■ 문제에 대한 강한 몰입이 직관에 선행되어야 하며, 아이디어는 직관을 위해 준비된 사람에게만 적용된다.

■ 직관은 개인의 총체적 삶의 경험을 기반으로 형성된다. 사람이 이렇게 형성된 구조를 깨기가 어렵기 때문에, 직관은 지나치게 잘 안정적으로 구축된 메모리 구조에 의해서도 방해받을 수 있다.

■ 사고와 행동의 활성화는 모순에 대한 인지를 통해 이루어진다. 활동(사고와 행동)이 모순을 극복하는 것을 목표로 한다면, 이 모순 자체가 활동의 근원, 원동력이 된다. 모순을 해결할 때까지 또는 임시 또는 일반적으로는 인정되지 않는 솔루션을 도출할 때까지 모순은 활동을 결정한다(16).

이것은 각 개개인이 자신에 대한 새로운 사고 관점의 개발을 가능토록 하기 위해 자연스럽게 개인의 발전과정 속에서 발생하는 사고패턴을 다루는 방법에 대한 새로운 관심을 불러일으킨다. 그러나 린데 교수가 활성화된 사고에 초점을 맞추고자 했던 구체적인 모순에 관한 문제가 제기된다. 미래의 발전방향에 대한 토론에서 새로운 관점들이 등장하고 이것은 오늘날의 현존 상황과 대면하게 된다. 가장 큰 도전과제는 새로운 관점들이 기존의 기준 간의 관계에 영향을 미칠 가능성이 있다는 것이다. 그러나 전통적 모델에서는 미래의 변화들이 고려되지 않는다. 따라서 기존 모델을 사용하여 극복할 수 없는 새로운 시나리오와 기존 시나리오 간에 충돌상황이 발생한다. 원칙적으로는 새로 생겨난 시나리오는 대개 더 가혹한 조건과 싸울 수밖에 없다.

하나의 기준점은 일반적으로 오늘날의 환경에 뿌리를 두고 있으며, 이러한 면에서 신뢰성을 갖게 된다. 반면, 새로운 기준점은 그 기원을 미래에 두고 있어 오늘날의 기준에 기초를 둔 전문가들의 테스트를 체계적으로 지지하지 못하고 매우 신뢰할 수 없는 것처럼 보일 수 있다. 미래는 일반적으로 불확실한 것으로 평가된다. 따라서 일반적으로 새로운 기준점에 연결된 모든 주장들은 단지 조건들에만 연결될 수 있다. 최상의 시나리오인 경우, 어느 정도의 확률로 발생하는 시나리오가 있을 뿐이다. 이제 도전과제는 상충하는 이러한 견해들을 동등한 입장에 모으는 것이다.

미래 잠재력에 대한 체계적인 방향과 그것에 대한 탐색은 과거와 현재의 성공 요인과 경험에 기반하고 있다. 기존의 논리는 미래와의 대립 속에서 근본적인 모순을 드러낸다. 그림 25에서 보여주는 것과 같이 오늘날의 목표(노란색 점)와 잠재적 미래 목표(파란색 점) 사이의 이러한 충돌상황은 – *현재의 논리 (두 목표를 동시에 완전히 달성하기 위해서는 기존의 인정된 평가기준이 상호 배타적임)* 에 따르면 – 분명히 더 이상의 발전 잠재력에 대한 단서가 되지는 않는다. 오히려 이것은 가능한 발전의 한계에 도달했다는 증거를 제공한다. 따라서 견고한 장벽이 되는 전문 지식은 도달한 한계에 대한 성능향상 가능성을 탐색하려는 전체 개발 팀의 동기를 저하시킬 수 있다. **분석을 통해 명확하게 성능 한계를 설명하는 경우, 기존의 논리는 혁신에 더 이상 도움이 되지 않는다.** 높은 야망을 추구하는 경우에도 마찬가지이다. 타협에 기반하고 있는 목표충돌 관리는 정의에 따라 이것 또는 저것의 원칙(either–or–principle)을 따를 수 있음이 분명하다(그림 25).

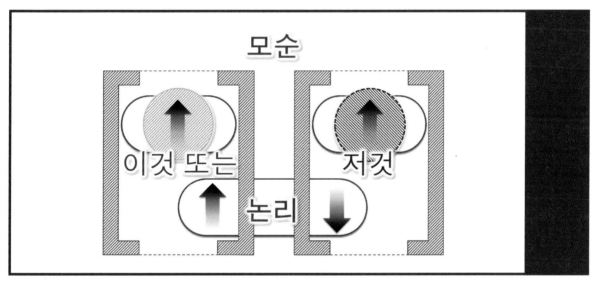

그림 25: 모순의 강력한 논리 　　　　　　　　　　　　　　　　　　　　　　출처: 저자 제공

전통적이고 논리 지배적으로 상충되는 목표들을 다루는 방식은 두 목표설정 사이의 견고한 의존성을 정의내리는 저울의 이미지를 통해 논리를 생생하게 그려낼 수 있다. 두 목표 사이의 연관성에 대한 논리를 의문시하지 않는 한, 성취 가능한 목표 달성도의 사전 결정된 비율은 해소될 수 없다. 기존의 논리에 따르면 결국에는 두 목표들은 항상 서로 타협 관계에 있다(그림 26).

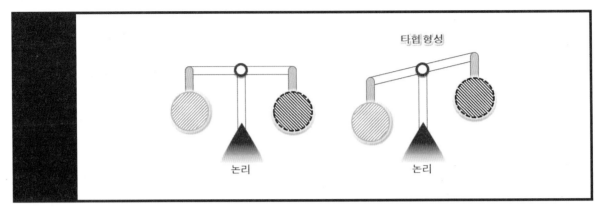

그림 26: 논리는 미래의 관점과 오늘날의 기준시스템이 대면할 때 저울처럼 작용한다.   출처: 저자 제공

4.2 모순의 해결은 성능한계의 외연을 확장한다

성능한계의 외연을 확장하기 위해서는 논리적 사고틀만으로는 역부족이다. 오히려 논리적 사고틀은 깨뜨리기 어려운 체계적인 장벽이 된다. 기존의 논리에 따라 엄격하게 미리 정해진 관계에서 두 목표를 동일하게 달성해야 한다는 요구는 오늘날의 목표뿐만 아니라 미래의 목표도 각각 최대 50%까지만 성취될 수 있다는 사실로 이어진다(그림 27). 최적화를 위해 우리가 가지고 있는 최고의 도구는 새로운 개발에 있어서는 실패의 원인이 된다. 혁신가들은 타협에 만족하지 못한다. 우리는 사고방식을 의도적으로 변환할 수 있도록 학습해야만 한다. 합(synthesis) 프로세스는 이것과 저것 모두의 요구를 충족시키고, 100% 목표달성을 가능하게 하는 새로운 차원의 성능을 설명할 수 있는 절차가 필요하다.

획기적인 새로운 접근법을 개발하고 설계하기 위해서는 오늘날 여전히 천재의 영역이라고 이해되는 창조적 능력이 전제되어야 한다. 그러나 천재의 영역이라고 생각하고 각 개인의 창조적 잠재력을 활용하지 않는다면 애석한 일이다.

> "모든 아이들은 천재로 태어나지만 자신도 모르는 사이에 인간들 또는
> 자연법칙으로는 바람직하지 못한 환경적 요인들에 의해 빠르게 퇴보된다(17)."

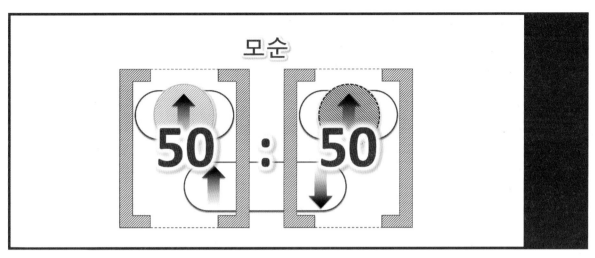

그림 27: 기존의 논리는 타협 형성만을 가능하게 할 뿐이다.   출처: 저자 제공

**그렇다면 어떻게 우리가 성인으로서 사고과정에서 자유를 유지하고 촉진시키는 것을
계속할 수 있도록 관리할 수 있을까?**

일단 일련의 차별화된 사고방식에 대한 인식이 만들어지면, 이 사고과정과 절차는 훈련될 수 있다. 세대의 획기적인 도약을 위해서는 논리적 의존성에서 기인하는 모순의 해결이 필요하다는 주장에 의하면, 여기에 핵심자원들을 투입하는 것은 끝도 없어 보여 상대적으로 무의미해 보인다. 또한 창의성과 직관만 가지고 도전과제를 충족시키기에는 충분하지 않다. 목표충돌 상황을 해결하기 위해서는 합이 필요하다. 따라서 새로운 종류의 사고접근법에 대한 질문이 제기되어야 하며, 이 사고접근법은 근본적으로 충돌하는 목표를 해결할 수 있는 역량을 가져야 한다. 새로운 종속성을 인식하려면 새로운 차원의 자유를 창출하기 위해 최소한 하나 이상의 새로운 관점을 포함해야 하며, 이렇게 창출된 자유는 새로운 결합을 가능하게 하여, 지금까지 제한하던 종속성을 대체할 수 있게 된다. 기존의 논리적 접근방식에 이러한 접근법을 반영하면 **비논리적** 결과들을 도출하게 된다. 여기서 다음과 같은 명제가 도출된다.

비논리(illogic)는 혁신의 논리(the logic of innovation)다.

따라서 비논리에 대한 탐색은 기존의 논리를 무시하려는 것이 아니라 그것을 지배하거나 또는 뒤엎기 위해 더 높은 차원의 논법을 탐색하는 것이다.

혁신과 관련해서는 카드게임을 하는 것과 비슷하다.

모순을 극복하는 패턴은 다양한 분야에서 발견된다. 지배 권력에 대한 저항이 대개 전쟁과 폭력으로 규정되던 시대에 마하트마 간디는 비폭력 저항을 통해 지속가능한 변화의 장을 열었다. 모순의 해법은 개별 연구분야의 패러다임 전환까지 초래한다. 세계의 노벨상 수상자들은 새로운 관점을 통해 기존 논리의 인식장벽을 극복한 사람들이다. 노벨 평화상 수상자 무하마드 유누스(Muhammad Yunus)는 소액 대출로 은행 업무에 혁명을 일으켰다. 그는 신용도의 기준을 새롭게 정의내림으로써 상환율이 낮은 가난한 이들에게 대출을 해 줄 수 있도록 만들었다. 이것은 개인을 보증인으로 세우는 방식이 아닌 상호 간에 보증을 서는 공동체와 은행의 긴밀한 모니터링을 기반으로 하고 있다.

그러나 도전과제는 하나의 패러다임을 만드는 데 있다.

"모든 패러다임은 두 가지 측면을 지니고 있다. 즉,

1. 패러다임은 사람들에게 한계를 설정하여 패러다임 속에 사람들을 제한한다. 새로운 길을 가야만 한다는 사실과 가야 할 시기를 파악하기가 어렵다. 따라서 패러다임을 벗어나 새로운 길을 가는 것은 어렵다.

2. 다른 한편, 패러다임들은 성공을 위한 규칙을 제시한다. 성공적인 길을 따라간다면, 패러다임은 이 성공적인 길에 들어선 사람들이 성공적인 길을 계속 따라갈 수 있도록 보장할 책임이 있다. 패러다임은 지금까지 성공적이었으므로 앞으로도 계속해서 성공적일 것이다. 그러므로 패러다임은 성공적인 길을 계속 걸어갈 수 있는 중요한 방향이다. 그러나 이들은 또한 시장, 가치, 경쟁자, 제품 또는 구매 선호도가 변하면 항상 의문시되어야 하는 것이다(18)."

당신은 분명히 책 표지의 삽화가 무슨 의미인지 궁금했을 것이다. 이것은 새로운 차원의 자유 탐색을 통해 패러다임의 효과와 모순을 해결하는 힘을 명료하게 보여주는 인상적인 사례이다. 우선 이 도전과제에 대한 간략한 설명을 보자.

"니콜라우스의 집은 어린이들이 즐겨하는 그림 그리기 게임 및 퍼즐이다. 목표는 어떤 선분도 두 번 지나가지 않으면서 정확히 8개의 루트들로 '집'을 하나 그리는 것이다. 선을 그릴 때는 동시에 8개의 음절로 이루어진 문구를 말해야 한다. '이것은 니-콜-라우스의 집이다(Das ist das Haus vom Ni-ko-laus)'라고(19)."

왼쪽 하단 모서리의 한 지점에서 시작하여 점과 점을 연결하는 선을 그려 나간다고 전제할 때, 수학적 고찰에 의거하면 정확히 44개의 해결책이 존재한다(20). 주어진 규칙을 엄격하게 지킨다는 가정하에 수학적 논리로는 더 이상의 해결책을 찾아낼 수 없을 것 같다. 그러나 '점과 점을 이어 선을 그린다'는 규칙에 대한 혁신적인 새로운 해석과 문구는 새로운 차원의 자유를 창출한다. 집 가운데에 있는 교차점에 두 개의 점을 더 추가해도 모양은 근본적으로 변하지 않는다. 하지만 이를 통해 '이것은 니콜라우스의 새 집이다'라는 다양한 변형을 그릴 수 있는 자유를 부여한다.

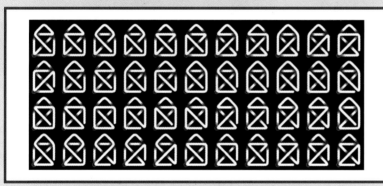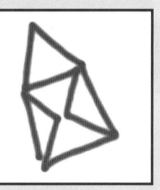

그림 28: '이것은 니콜라우스 집이다'라는 패러다임의 극복　　　　　　　　출처: 저자 제공(위키피디아 참조)

물론 정확한 분석적인 관찰자는 '니콜라우스의 집' 사례에 대해 새로운 변형이 엄격하게 규칙을 준수하는 해결책이 아니라고 언급했을 것이다. 물론 이것은 전적으로 옳다. 그러나 여기서 독자가 유념해야 할 것은 근본적인 혁신도 대개 이와 같은 방식으로 작동된다는 점이다. **근본적인 혁신 접근법은 일반적으로 확립된 기존의 규범들과 업계 논리들을 의식적으로 '훼손한다.'** 그러나 윤리적이고 지속가능한 관점에서 보면 이러한 접근법들은 인정될 수 있으며, 고객에게는 중요한 부가가치를 제공한다. 따라서 근본적인 혁신을 위해서는 미래에 중요한 부가가치가 무엇인지에 대한 질문에 답하는 것이 무엇보다 중요한 것이지, 규칙 부합성과 관련하여 어떤 결함이 여전히 상존하는지에 관한 질문에 답하는 것이 아니다. 왜냐하면 시장과 윤리가 혁신을 수용하면, 규칙이 발전 방향을 따르는 것은 시간문제이기 때문이다. 우버(Uber)와 에어비앤비(Airbnb)의 현재 발전양상을 살펴보자. 여전히 업계를 주도하는 택시나 호텔 기업들이 우버와 에어비앤비의 새로운 비즈니스 모델에 대해 불평하는 것은 지극히 당연한 일이다. 아울러 우버와 에어비앤비가 제공하는 새로운 서비스 관련해서는 사업자면허에서부터 보험적 측면까지 아직 해결되지 않은 중요한 문제들이 있다. 그러나 고객이 이러한 측면들을 부차적인 것으로 여긴다면, 여기서 새로운 시장 진입자들에게 성장을 위한 여지를 제공하고, 기존 기업들의 전통적인 비즈니스 모델을 압박할 수 있다. **새로운 종류의 비즈니스 모델이 유의미한 규모의 고객을 확보하고 그에 상응하는 고객 적합성을 발전시키고 나서야 비로소 그러한 규칙을 만든 곳에서 기존의 업계 규칙들에 대해 의문을 제기하기 시작할 것이다.**

지금까지 계속해서 반복되는 논의의 패턴은, 더 높은 수준의 성능을 창출하는 방법으로 요인들과 종속성을 제한하면서 기존의 한계를 다시 연결하여 발전을 이뤄왔다는 점이다. 여기서 새로운 잠재력을 창출하기 위해서는 한계에 대한 지식을 어떻게 다뤄야 할 것인가에 대한 질문이 제기된다.

> **"해결책은 – 명백한 모순에 대한 해결책이 모두 그러하듯이 – 대립 속의 사고로부터 벗어나 질문의 본질을 바꿈으로써 더 큰 맥락을 포착하는 것이다(21)."**

따라서 우리는 분석과 창의성이라는 명백하게 대조적인 것들을 건설적으로 사용할 수 있는 능력을 사고 속에 필요로 한다. '분석적 창의성(analytical creativity)'은 사고 속에 새로운 차원의 자유를 창출하며 근본적이고 파괴적인 혁신의 체계적 개발을 위한 핵심모델로 모순을 활용한다. 다음에는 모순 극복의 관점에서 '창의적'으로 생각할 수 있는 능력을 소개하고 있다(5.2장 참조).

도전과제에 대한 심층 분석은 일반적으로 두 가지 바람직한 목표를 동시에 달성할 수 없도록 방해하는 오늘날의 논리적인 주요관계를 이해하게 한다. 이러한 상황을 상충되는 목표라고 하며, 일상적인 언어 사용에서 목표들 간의 충돌과 모순은 구별되지 않는 개념이다. 그러나 혁신의 측면에서는 이 용어들의 차이는 매우 중요하다. 고전적인 개념으로서의 목표 충돌은 합일될 수 없는 것처럼 보이는 요구사항들을 지칭한다. 목표충돌이 요구사항들 간의 의존성을 강요한다. 따라서 목표충돌은 타협 해결책을 통해서만 체계적으로 대응될 수 있었다.

이제까지의 성과를 넘어서는 해결책의 추구, 이것이 혁신 잠재력의 기초이다. 그러나 이 성과를 달성하기 위해서는 우선 현재의 한계를 인식해야 한다. 모순을 통해 장벽을 설명하는 절차는 문제, 즉 도전과제를 추상화하는 이점을 제공해 준다. 이를 통해 구체적인 수준에서는 자신의 분야와 관련이 거의 없는 분야에서 솔루션을 찾는 것이 가능해진다. 린데는 목표충돌이 논리적으로 연결된 제어레버로 보완되어 완전한 모순모델을 형성하는 경우, 충돌 영역 내에서 운영관리가 가능해진다고 주장한다(22).

이것은 한편으로는 겉보기에 교착상태에 빠진 상황에 대한 논리적인 설명이고, 다른 한편으로는 혁신적인 작업을 공식화할 수 있는 잠재력을 제공한다. 요구사항은 두 가지 목표가 완전히 달성되고 목표를 희생하면서 타협하지 않아야 한다는 것이다. 이러한 패러독스적 도전과제를 해결한 혁신적인 솔루션을 통해서 일반적으로 수용되는 성능한계를 의도적으로 확장할 수 있다. 혁신적인 솔루션은 오늘날의 관점에서는 불가능해 보이는 방식으로 목표와 성과지표들을 체계적으로 연결한다. 이전에는 불가능했던 새로운 의존성을 통해 목표들을 서로 연결하여 동시에 달성할 수 없었던 상충되는 목표들을 해결한다.

소총이 아직 전장총이라고 불리던 때였다(23)(그림 29). 한편으로는, 정확도를 높이기 위해서는 총신은 가능한 한 길어야 했다. 다른 한편으로는, 화약과 총알을 빠르게 재장전하여 발사 빈도를 높이기 위해

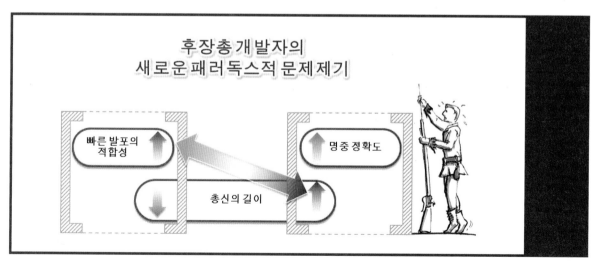

그림 29: 총 개발 사례에서의 모순모델

서는 총신이 가능한 한 짧아야 했다. 결국 정확도와 발사성능은 모순에 처했다. 1850년 즈음 총을 만드는 직공들은 이 두 목표들 간의 충돌을 여전히 총신 길이의 최적화, 즉 두 목표들 간의 타협을 통해 해결하려고 했다.

한 발명가가 왜 소총이 꼭 전방에서 장전되어야 하는지에 대해 질문하기 전까지, 사람들은 그저 특별한 이유 없이 전방으로만 장전하려고 할 뿐이었다.

비교적 긴 총신에서도 총알을 후방에서 매우 빨리 장전함으로써 발사성능을 제고할 수 있다는 패러독스적 도전과제에 대한 이 새로운 관점을 기반으로 그는 후장총을 발명했다. 이 해결책은 지금까지 모순적이었던 목표들을 놀라운 방식으로 새롭게 결합하였으며, 이를 통해 총포 발전에 있어 혁명적인 도약을 이뤄냈다. 이 사례와 수많은 다른 성공사례들은 우리에게 '성공의 패러독스'가 존재한다는 것을 가르쳐준다.

온라인 심화학습
도전과제의 모순들을 발견하고 이들을 해결하려면 다음 사이트를 참조하세요.
www.wois-innovation.de/Widerspruchsmodell

이 추상적인 사고모델이 전략적 도전과제에 투영될 때, 다음과 같이 모순이 발생한다. 목표는 미래의 이상적인 비전에서 비롯된다. 기준변수는 전통적인 경쟁기준에 해당하며, 반대 목표는

오늘날 경쟁논리의 최적화 목표에 해당한다. 모순모델의 틀 내에서의 의도된 측면적 사고를 통해 모순적 도전과제는 다음과 같은 특징들로 체계적으로 공식화된다.

- 패러독스적 도전과제는 일단 해결되면, 새로운 접근법은 어떤 경우라도 탁월하게 창의적이어서, 특허의 가치를 지닐 수 있다.

- 새로운 접근법은 지금까지의 솔루션보다 훨씬 효율적이다.

■ 전문가들은 놀라게 될 것이다.

■ 질문이 매우 추상적이기 때문에 이 연상공간은 직접적으로 다른 영역으로 확장될 수 있다.

■ 질문은 탐색 분야에 집중한다.

■ 제대로 된 질문은 이미 문제를 절반 이상 해결한 것과 같은 경우가 종종 있다.

■ 질문의 본질은 패러독스적 과제를 해결하는 데 도움이 될 영감을 찾을 수 있는 방향을 제시한다.

이러한 방식으로 개발된 사고방식은 기본적으로 도전과제에 대한 합리적이고 창의적인 검토를 할 수 있도록 해 준다. 솔루션이 결코 완전히 해결된 것은 아니라 하더라도, 이미 만들어진 추상화의 수준은 멀리 떨어진 분야로부터 문제를 해결할 수 있는 실마리를 연상(유추)할 수 있는 가능성을 제공한다. 그것이 심지어는 완전히 다른 성질에 대한 피상적인 관찰이라고 할지라도 말이다. 추상화하는 능력은 모순을 극복하는 데 결정적인 역할을 한다. 도전과제의 기본 본질이 명확하게 요약된 더 높은 수준의 추상화 단계에서의 솔루션의 탐색과 생성은 모순이 발생한 분야의 구체적인 한계조건으로부터 더 자유롭다. 솔루션 원칙은 보다 추상적인 환경에서 근본적으로 더 자유롭게 인지되고 논의될 수 있다. 낯선 영역에서 영감을 주는 해결책이 발견되면, 이때에는 역으로 자신의 분야에 대한 적절한 솔루션으로 역추적하여 도전과제에 대한 솔루션을 도출해 내야 한다. 여기서는 기존의 전문가의 노하우가 다시금 중요해진다. 새로운 솔루션이 기존 분야의 새로운 원칙에 의거하여 적합하고, 현재 중요한 프레임워크 조건들을 위반하지 않는지 확인해야 한다. 따라서 모순의 해결책은 기존의 논리에서 구체적인 도전과제를 추상적 해결원칙과 새로운 논리를 이용하여 구체적 혁신솔루션으로 변환된 것으로 설명할 수 있다(그림 30).

이 변환에서 결정적으로 중요한 것은 현재의 발전 상태를 변화 불가능한 것으로 받아들이지 않는 것이다. 이 프로세스는 근본적으로 다음의 두 가지를 요구한다. 첫째, 기존의 규칙들을 위반하는 미래의 꿈을 인정하는 것; 둘째, 오늘날의 한계는 극복 가능한 것이라는 심오한 확신이 필요하다. 오늘날의 상황과 근본적으로 이상적인 미래 시나리오 사이의 격차를 해소할 수 있는 솔루션이 중요하다. 따라서 여기에 어떤 기여도 할 수 없는 '있어서 좋은' '매력적으로 보이는 아이디어들'은 전략적으로 덜 중요하다. 오히려 비논리적이며, 따라서 교착상태에 빠진 상황에서 이것도 저것도 모두 취하려는 요구와 기존의 규칙들을 위반할 수 있는 정신적 태도에 직면하는 것이 더 중요하다. 이 접근법을 사용하면 멀리

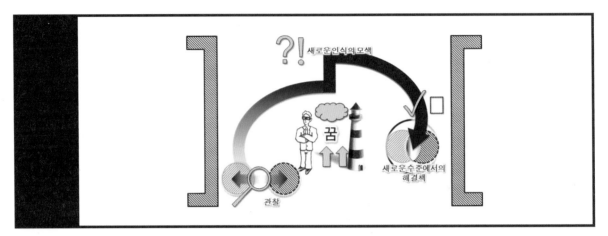

그림 30: 새로운 차원의 자유를 찾는 추상적 기반으로서의 꿈 　　　　　출처: 저자 제공

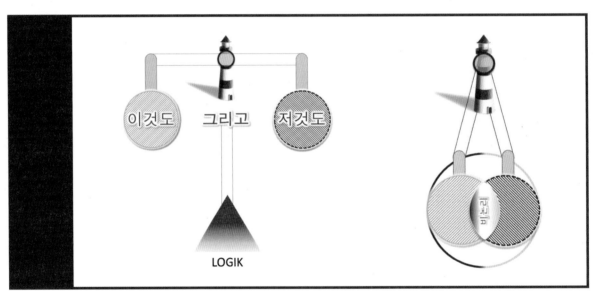

그림 31: 모순적 사고와 새로운 차원의 자유의 길로 가는 등대의 비논리 　　　출처: 저자 제공

있는 등대처럼 보이는 근본적인 미래에 대한 비전을 달성할 수 있다. 그러나 이를 위해서는 우선 그 첫 단계로 미래에 대한 꿈을 전개해야 한다(그림 31).

남은 문제는 다음과 같다. 델타, 즉 미래로 가는 길에 놓여 있는 장벽을 다루는 것은 어떻게 가능한가? 이것을 체계적으로 부수고 나아가기 위해서는 오늘날 사람들이 믿고 있는 규칙을 인식하는 것이 중요하다. 경쟁적인 차별화가 없는 경우 비즈니스 경영은 종종 패러다임 전환을 요구한다(24). 그러나 전략적 설계에 있어 이 추상적인 요구가 어떻게 구체적 조치로 실현될 수 있을지에 대한 질문이 제기된다.

모순모델은 오늘날의 성능한계를 미래상과 체계적으로 연결하며, 따라서 기존의 성능한계를 변화시키고 기존 업계 논리의 돌파구를 위한 정신적 다리 역할을 한다.

4.3 힐티의 WOIS 혁신개발 프로세스

이제 자세한 사례로 공구 제조업체 힐티의 혁신프로세스를 살펴보고자 한다. 이 기업은 모순지향적 혁신전략(WOIS)을 약 15년 전부터 활용해 왔다(25). 첫 번째 WOIS 혁신 프로젝트를 위해 힐티는 밸류체인에 따라 기업 내 모든 관련 부서들로부터 차출된 직원들로 구성된 혁신 팀을 꾸렸다. 이 팀은 '끌(chisel)' 비즈니스에서 혁신 잠재력을 찾고 있었다. 종합적인 관점에서 볼 때 당시 다음과 같은 그림이 도출되었다. 가치창출을 위해서는 마진이 좋아야 한다. 그럼에도 불구하고 미래의 발전방향에 대한 질문이 제기되어야 했다. 힐티의 '끌'은 더 이상 차별화된 제품으로 인식되지 않는다는 사실이 시장조사에서 확인되었다. 이것은 '힐티. 더 좋은 성능. 더 좋은 내구성'이라는 브랜드 모토의 높은 기대와는 모순되는 것이었다. '끌'은 채굴장비와 함께 하나의 시스템을 구축했기 때문에 제품 포트폴리오에서 핵심제품으로 여겨졌다. 그럼에도 불구하고 이 제품은 지난 수십 년 동안 거의 발전하지 못했다. 처음에는 근본적인 도전과제가 불분명한 상태였다. 힐티는 혁신 잠재력을 활용하여 '끌' 제품에서 새로운 고유의 강점(Unique Selling Points, 차별화된 판매 가치제안)을 창출하고 새로운 성공공식에 도달할 때까지 내부 및 외부 프로세스에서 비즈니스 모델을 조정하기로 결정했다.

후속 제품의 혁신 프로젝트에서 힐티 팀은 지금까지 수행한 개발 프로세스에서 쌓은 경험을 적용했다. 그때까지 만들어진 '끌'들은 몇 시간만 사용하고 나면 무뎌져서, 이것을 복잡한 과정을 통해 다시 단조하고 연마해야 했다. 고객 중심의 사용분석에 따르면 건설 현장에서는 무뎌진 '끌'이 정비되는 동안 사전 정비된 '끌'을 사용해야 하기 때문에 몇 개의 '끌'을 건설현장에 보관해야 하는 것으로 나타났다. 그당시의 '끌' 개발은 소재 활용의 극대화라는 사고틀 안에서만 논의되고 있었다. 마모를 막기 위해 점점더 좋은 소재를 사용해 '끌'의 끝부분을 보호하려고 했다. 이를 위해 '끌'에 카바이드 합금이나 다이아몬드 날이 장착되었다. 그러나 이러한 솔루션에서는 생산 비용이 높아졌고 고객에게는 과도한 가격이 책정되었다. 이 논리는 당시 전체 업계의 사고틀과 일치하는 것처럼 보였다. 또한 엔지니어링 관점에서도 소재를 통해 마모가 덜 되게 성능을 높인다는 도전과제는 그다지 어렵지 않았을 것이다. 이러한 특성의 개발은 '더 많은 것을 위해 더 많이, more for more'라는 방식을 따랐을 것이다. 따라서 '더 높은 성능 또는 더 낮은 마모율'과 '더 낮은 제조비용' 간의 모순을 소재의 품질이라는 논리적 의존성을 통해 해결해야 했다(그림 32).

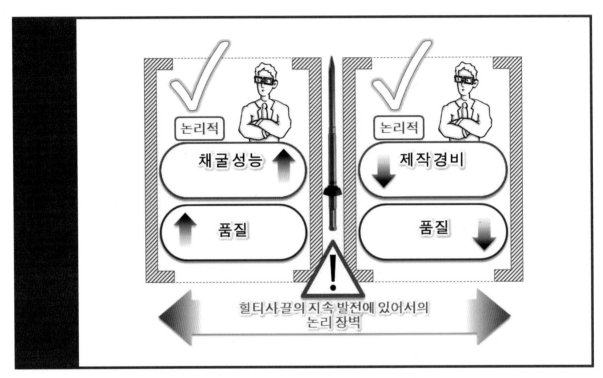

그림 32: 힐티 - 모순적 도전과제

출처: 저자 제공

기존 사고틀의 한계는 다음의 패러독스적 요구를 통해 극복되었다: **'비싼 고품질 소재를 사용하지 않고도 마모를 줄이는 것!'** 이것으로 도전과제가 공식화되었다. 이것은 당시로서는 허용된 업계의 논리를 의도적으로 의심하는 것이었다. 이 요구는 이제까지의 설계 차원인 '소재'를 벗어나 새로운 탐색방향을 위한 관점을 제시했다(그림 33).

이미 3.4장에서 언급한 것처럼 WOIS의 성공 공식은 다음과 같다. **'셀프운동(self-movement, 스스로 움직임)을 통해 이익은 높이고, 동시에 재료, 에너지, 공간 및 시간을 줄임으로써 비용을 줄이는 것이다 (그림 16).'** 이 명제에 충실하여 **'셀프연마(self−sharpening, 스스로 연마)'**라는 목표가 '끝'을 위해 도

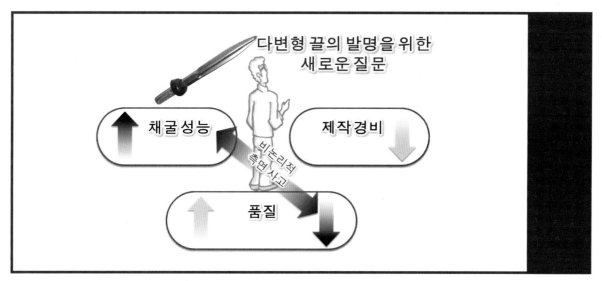

그림 33: 힐티 - 패러독스적 도전과제   출처: 저자 제공

출되었다. 이러한 정신자세로 혁신 팀은 잠재력을 찾기 위해 '끌'의 끝(tip)에서 고정점(chuck)까지 검사했다. 추가 설계 변수들에 대한 확대된 관점을 통해 '기하학' 차원의 의미가 새롭게 정의되었다. 눈에 띄는 그리고 점점 더 중요해지는 측면은 '끌'의 끝부분의 경사였는데, '끌'의 끝부분 횡단면의 사각형 표면은 '너무 평행'했다. 이러한 '일반적인 연마'가 WOIS의 기본법칙에 의하면 매우 의심스러웠다. 우리의 명제는 다음과 같았다. '자연에서는 어떤 것도 제대로 곧은 것은 없다. 그렇지만 자연 속의 모든 것은 그 자체로 옳다!' 힐티 팀은 다음과 같은 결론을 이끌어낼 수 있었다. '끌'이 항상 작업 시에 꽂혀서 안 빠지는 이유는 '끌'의 기하학적 설계 때문이라는 것이다. 평면들은 너무 평행하게 배열되었는데, 이것은 자연에서, 예를 들면 딱딱한 고체 물질을 깨기 위해 부리를 사용하는 딱따구리나 다른 새들에게는 발견되지 않는 양상이다. 이 깨달음을 통해 팀은 채굴성능에 영향을 미치는 힘 벡터에 대해 생각하게 되었다. 또한 '끌'의 원래 형태에서는 힘이 서로 상쇄된다는 것도 밝혀졌다. 이것으로부터 모순의 해결책이 힘의 경계선에서 발견되어야 한다는 결론을 도출하였다. '초점 산란'이라는 접근법을 구현한 두 번째 계획을 통해 우리는 재료 사용을 줄였음에도 불구하고 채굴성능을 40%나 향상시킬 수 있었다. 이것이 가장 효과적인 해결책이었다. 그러나 여기서 생산이 장벽으로 작용했다. 힐티는 이 시기 새로운 압연기에 투자했는데, 이 압연기는 새롭게 설계된 '끌' 프로파일을 생산할 수 없었다. 이제 다시 해결되어야 할 모순은 다음과 같았다: "존재하는 현재의 프로세스 기술을 사용하되 채굴성능을 높인다." 따라서 표면이 마주하는 기하학이 다시 필요해졌다. 이렇게 해서 반년의 개발기간 끝에 힘 벡터가 교차하는 '끌'의 최종 디자인이 탄생되었다. 이 모델은 두 가지 효과를 발휘했다. 첫째, '끌'이 박

혔던 곳에 덜 끼어 있게 되었다. 둘째, '끌'의 안쪽은 단단한 소재를 사용하고 바깥쪽은 얇은 날개형태로 만들어서, 소재자체가 채굴 시 깎이도록 하였다. 따라서 끝은 더 오래 유지될 수 있었고, 스스로 연마되었다. 힐티는 '연마가 필요 없는 최고의 성능'이라는 슬로건으로 차세대 '끌'을 광고했다(그림 34).

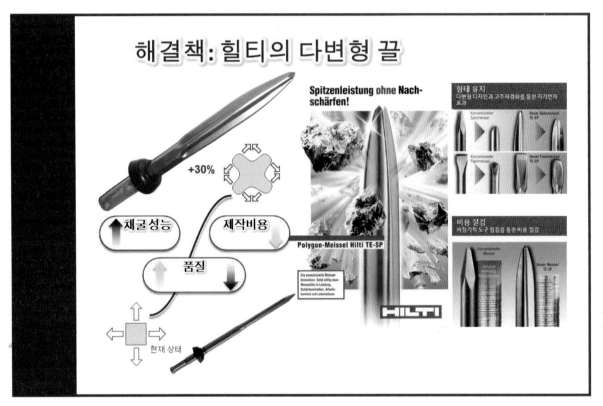

그림 34: 힐티 - 모순 솔루션   출처: 저자 제공

'마모되는 것은 좋지 않은 것이므로 마모는 고품질의 재료를 통해 방지되어야 한다'는 사고 프레임의 장벽을 극복함으로써 새로운 관점이 열렸다. 기능 지향적 마모를 통한 모순의 혁신적 해결책은 부정적으로 규정된 '마모'의 특성을 '셀프연마'라는 새로운 능력으로 변환시켰다. 힐티는 모순지향적 혁신 프로젝트를 통해 고객들과 윈－윈할 수 있는 상황을 창출했다. 고객들은 새로운 끌에 더 많은 돈을 투자하고, 이를 통해 힐티의 부가가치는 상승한다. 결과적으로는 고객에게는 끌의 가성비가 높아진다. 왜냐하면 건설현장에서 연마과정이 필요 없어져, 이로 인해 건설현장에 '끌'을 조금만 구비해도 되기 때문에 고객에게는 더 저렴하다. 따라서 차세대 '끌'은 새롭게 투자했던 기계에서부터 고객과 힐티의 이점에 이르기까지 전체 부가 가치 체인에 최적으로 맞아떨어진다. 이것이 힐티의 성공스토리이다.

4.4 트렌드 vs. 더 높은 단계로의 발전 패턴

'미래의 꿈'이라는 의미에서의 '달성할 수 없는 목표', 이것에 매달리거나 집착하지 않으면, 우리는 결코 그곳에 도달할 수 없을 것이다. 역으로 이는 어느 개발팀이 미래에 대한 비전을 고무시키는 데 성공한다면, 경쟁을 위해 가능한 것이 무엇인지 궁금해 하는 것은 드문 일이 아니다. 비이성적인 것처럼 보이는 꿈 – 비현실적이고 불합리하며 심지어는 불가능한 요구 – 이 너무 쉽게 과소평가되는 경우가 많다.

사례: 레오나르도 다 빈치

자신의 아이디어를 대부분 삽화로 기록한 작업방식 덕분에 레오나르도 다 빈치(Leonardo da Vinci)가 개발한 것들의 탄생 과정은 오늘날에도 여전히 잘 이해할 수 있다. 그의 작품들은 잘 기록되어 박물관에 전시되어 있다. 레오나르도는 인간을 날 수 있게 하겠다는 꿈에 고무되어 있었다. 이 생각은 그를 사로잡았다. 이러한 집념 때문에, 레오나르도는 세계의 다른 모든 이들도 이전에 보았지만, 인지하지는 못했던 '경이로운' 사실을 발견했다. 레오나르도는 돌이 떨어지는 것과 달리 나뭇잎과 깃털이 어떻게 바람에 움직이는지에 놀라움을 느꼈다(그림 35). 레오나르도는 이 관찰로부터 영감을 받았는데, 비행에 대한 꿈이 없었다면 레오나르도도 여느 다른 사람과 다르지 않았을 것이며, 그 이전의 다른 모든 사람들과 마찬가지로 그 사실을 받아들였을 것이다. 그는 자신의 생각을 스케치 형태로 옮겼다. 이를 통해 그림 35에 묘사된 다음과 같은 고려사항들을 읽어낼 수 있었다. 왜 나뭇잎과 깃털은 원하는 것처럼 행동하고, 돌은 원하지 않는 피해야만 하는 것처럼 행동하는 것일까? 레오나르도의 스케치는 그가 부력의 원리를 나름대로 인식하고, 활성 부력 표면과 무게의 의존성을 조정변수로 정의했음을 보여준다. 레오나르도는 이 추상적 인식을 응용하여 낙하산의 첫 스케치를 그렸다. 그러는 동안, 어느 용기 있는 프랑스인이 레오나르도의 비행기계가 작동한다는 것을 보여주었다.

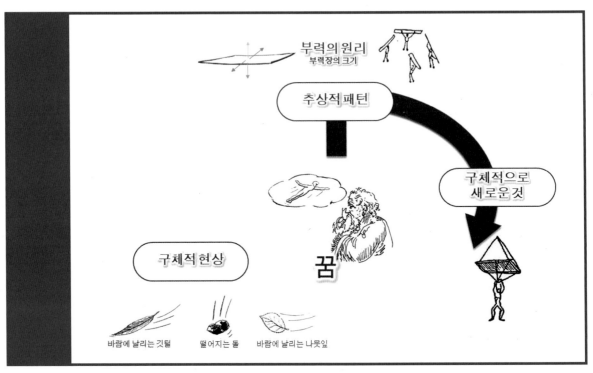

그림 35: 레오나르도 다 빈치의 사례를 통해 본 추상화 개념   출처: 레오나르도 다 빈치 참조. 저자 제공

레오나르도 다 빈치의 사례는 강렬한 꿈의 중요성과 효과를 보여준다. 비행에 대한 꿈이 없었다면 영감은 작동하지도 않았을 것이고, 전체 설계 과정은 시작될 수도 없었을 것이다. 그림 35에 그려진 추상화 그림은 어떻게 구체적인 현상에서 출발해서 근본적인 패턴의 추상화를 거쳐 낙하산이라는 구체적인 새로운 솔루션이 탄생할 수 있었는지 보여준다. 이러한 과정의 핵심은 오늘날 생각할 수 있는 것 이상의 솔루션을 위해 불씨를 틔우는 것이다. 꿈이 없다면 가능한 접근법은 생성되지 못할 것이다. 사물을 변화시키려는 의지와 이것이 가능하다는 확고한 믿음은 모든 획기적인 발전의 초석이다!

의지가 있는 한 명이 의무로 하는 10명보다 더 많이 성취할 수 있다!

인지 과학자, 의사 그리고 뇌 연구자들은 상황에 따라 뇌 활동이 크게 달라진다는 것을 규명해 냈다. 익숙한 상황이라면 입증된 인지 패턴과 전략을 사용할 수 있다(27)(그림 36의 왼쪽 참조). 동시에, 익숙한 상황에서의 뇌 활동은 새로운 종류의 상황에 비해 낮다. 이미 존재하는 경험을 직접 적용하고 이로부터 연상(유추)할 가능성이 있다. 집중 수준도 더 낮아진다. 동시에, 이것은 새로운 미약한 신호의 인식에 대한 민감도도 떨어뜨린다. 이 미약한 신호는 새로운 것에 대한 가치 있는 중요한 충동을 나타내는 것일 수 있다. 이러한 심리적 효과는 단기적인 행동 능력과 의사결정 능력을 빠르게 확립하기 위해 이미 경험한 순간들에 의해 영향을 받아 진화론적으로 반영된다는 사실에 근거한다. 상황이 알려진 패턴에 잘못 지정되는 경우, 이는 심각한 주의력 부족이나 그릇된 결정을 야기할 수 있다. 사고의 자동화 프로세스는 상황에 대한 더 나은 평가를 위해 적극적이고 더 의식적으로 형성되어야 할 것이며, 이를 통해 인지 수준과 사고 과정의 효과성을 향상시킬 수 있다.

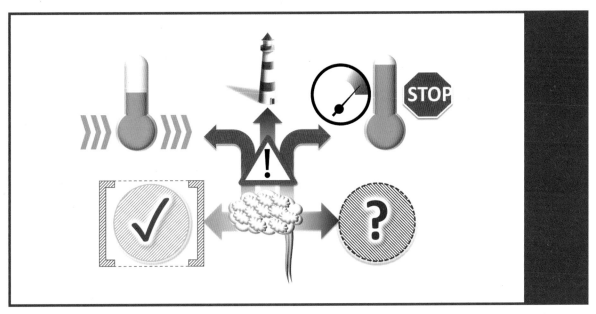

그림 36: 전략적인 의식을 고취시키는 등대　　　　　　　　　　　　　　　　　　　　　　　출처: 저자 제공

그러나 뇌 활동의 향상만이 해결책은 아니다. 피실험자가 기존 행동 패턴이 해결책의 모색에 적합하지 않다는 것을 암시적으로 인식한 도전과제에 직면할 때, 뇌의 활동은 상승하는 양상을 보인다(28). 피실험자는 과부하를 느끼거나 위험에 처할 경우, 심각한 신체적 스트레스 상태를 초래하는 심신의 영향을 느낀다. 심장박동은 불규칙적으로 되고, 뇌는 근본적인 생존전략 상태로 전환하여, 즉 도주, 공격과 같은 원시적인 사고 및 행동 패턴만 이용할 수 있는 상태로 전환된다(그림 36의 오른쪽 참조). 이 상태에서 분석적인 해결책 모색은 불가능하다.

뇌 활동의 이러한 양극적인 특성 때문에 재설계 과정에는 개별화된 진행방식이 필요하다는 것이 분명해진다. 요구의 부족은 인지를 저해한다. 과도한 요구는 인간적 행동 패턴을 반사의 차원으로 제한한다. 따라서 혁신프로세스에서 등대가 형성되는 것은 모든 팀원들이 인식하도록 하고 투명하게 구축되어야 한다.

새로운 접근법을 탐색하기 위해 향상된 뇌 활동의 중간 상태는 추구할 만한 가치가 있다. 이것은 우리에게 미약한 신호를 인지하고 이것을 새로운 관점과 결합시킬 수 있는 능력을 부여한다. 필요한 것은 인지적 주권 상태이다(29). 일상 상황(그림 36의 왼쪽)이나 공황상태(그림 36의 오른쪽) 모두 원하는 프로세스에는 도움이 되지 않는다. 우리가 알려진 것에 대해 의문을 갖는 것이 어렵기 때문에 수준 높은 분석 능력을 발휘하기가 어렵다면, 탈출의 가능성을 모색하는 반응을 생각해 볼 수 있다. 수준 높은 창의성이 낡은 사고 경로를 벗어나기 위한 기초가 될 수 있다는 것은 널리 알려진 사실이다.

> **"합리적이며, 질서정연하고, 규율적이며 절제된 사고의 장벽으로부터 벗어날 때,
> 창의성은 무의식적, 정서적, 자기충족 경험에서 비롯된 독창성과 대면하게 된다(30)."**

이 창의성의 특징은 열린 사고 과정, 자유로운 연상 능력 그리고 인간의 직관이다. 측면적 사고를 위한 창의성 방법은 핵심이 되는 모순을 지향하는 방향에 집중하여 혁신 노력의 질을 현저하게 향상시킨다. 또한 모순모델은 정신적으로 개방적이고 전략적으로 집중된 개발 시스템으로 간주되어야 한다(그림 37). 분석과 창의성의 통합은 전략적 방향 및 초점이 측면적 사고와 결합되어 새로운 것들에 대한 개방으로 이어지는 상황을 만들어낸다. 등대 방향성과 모순 형태의 변증법적 사고의 조합은 기존 사고틀을 넘어 새로운 접근법에 영감을 불어넣는다. 그림 37은 더 높은 단계로의 나선형 모델상에서 획기적인 혁신을 야기시키기 위해 등대로 자신을 향하게 함으로써 구체적인 두 가지의 모순되는 목표가 어떻게 합에 도달할 수 있는지를 보여준다. 두 가지 요소를 결합하는 것은 특이한 관점을 취하는 데 도움이 되며, 이를 통해 잠재력이 풍부한 접근법을 찾을 수 있는 확률을 높일 수 있다. 적절한 도구와 방법에 대한 광범위한 참고 문헌이 있기 때문에 이에 관해서 여기서는 더 이상 설명하지 않는다.

그러나 상기한 결합만으로는 충분하지 않다. 여기에는 합리적 관점 외에도 정서적인 관점, 즉 직감과 깊은 내적 확신에 대한 문제가 결여되어 있다. 이것은 긍정적인 것에 기여하려는 합리적 의지에 관한 것이 아니다. 이것은 혁신프로세스에 참여하는 모든 사람들이 거부해서는 안 되는 것이다. 오히려 이것

은 깊은 내적 직감과 '깊게 관여할' 수 있는 능력에 대한 문제이다. 즉 전문가들에게 이것은 자신이 수년간 쌓아 올린 경험에 대해 합리적인 논쟁에 직면할 만큼 충분한 설득력을 가지고 있는지에 관한 질문이다. 지금까지 한 번도 사람들에게 설명되지 않은 기회를 믿을 수 있을 만큼 충분히 강한가. 따라서 논의의 초점은 발전을 위한 '숨겨진 성공 패턴'으로도 이해될 수 있는 전략적 방향설정 수단에 맞춰져야 한다. 이제 다음과 같은 질문에 답변해야 한다.

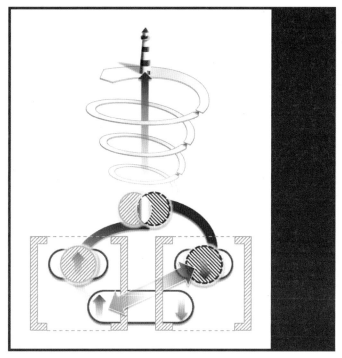

그림 37: 패러독스적 도전과제를 위한 방향타로서의 등대
출처: 저자 제공

새로운 솔루션에 대해 논증 및 예측의 신뢰성을 어떻게 높일 수 있는가? 어떤 근거를 통해 '개인의 직관을 넘어서'라는 개념의 성공 가능성을 설득력 있게 뒷받침할 수 있는가?

수많은 책들이 트렌드, 메가트렌드 그리고 메타트렌드를 언급한다(31). 그러나 트렌드는 수명 주기에 따라 달라질 수 있으며, 때로는 문화, 지역, 시장 그리고 경쟁 조건에 따라 크게 좌우된다. 이러한 것들이 한편으로는 유용한 전술적 조력자이지만 다른 한편으로는 기본적인 전략적 방향 결정을 위해 충족할 만한 방향 안정성을 제공하지는 않는다. '더 높은 단계로의 발전을 위한 레벨 매니저들', 즉 **트렌드와 같이 끝없는 변화의 대상이 아니라 오히려 더 높은 단계로의 발전을 위한 일반적인 패턴으로써 더 강력한 수준의 방향성을 제시하는 패턴을 찾는 것이 가능하다면 이상적일 것이다.** 트렌드는 노이즈, 신호 및 발전 경향에 대한 비교적 더 강한 표현이며, 이것은 방향 결정과 관련해서는 혼란스러운 상황을 연출할 수 있다. **탐색은 그것을 넘어서는 패턴, 업계나 지역에 관계없이 방향을 제시할 가능성이 높은 패턴들을 목표로 삼고 있다.** 여기서 보편적으로 참조할 수 있는 '*더 높은 단계로의 발전을 위한 숨*

겨진 패턴'이 존재하는지에 대한 질문이 제기된다.

이에 관한 광범위한 연구과정에서 다른 배경의 저서로부터 이러한 종류의 패턴을 찾을 수 있었다(32). 더 높은 단계로의 발전법칙 여덟 가지 그룹에서, 현재의 발달 상태를 특징짓는 동시에 어떤 패턴에 따라 진화가 진행될 것인지에 대한 방향을 가이드해 줄 수 있는 더 높은 발달 단계로 가는 사다리를 식별할 수 있었다. 그림 38은 실질적인 응용가능성 측면에서 세 가지 주요 그룹인 시스템 단계(stage), 법칙(laws), 발전 단계(steps)를 보여준다. 더 높은 단계로의 발전법칙을 활용하면 몇 가지 효과가 동시에 발생한다.

■ 현재의 발전 상태는 경쟁 포지셔닝과 관련하여 특징지을 수 있다.

■ 미래지향적인 사고방식이 의도적으로 자극된다.

■ 규칙성의 일반적인 타당성에 기초하여 미래 방향에 대한 논증 및 예측의 신뢰성이 생긴다.

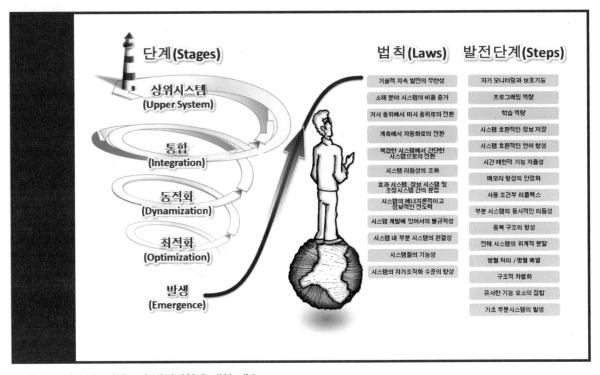

그림 38: 더 높은 단계로의 발전법칙에 대한 개요
출처: 저자 제공(Reichel 1984: 11-21, 31, 72, 78-80; Altschuller 1984: 86-95 참조)

더 높은 단계로의 발전 법칙의 프레임워크 내에서, 시스템의 발전 단계들은 단순하면서도 빠른 실질적인 응용가능성의 특징을 지닌다. 그러한 단계들은 시스템의 발전 상태를 조사하고 동시에 상위 단계로의 발전을 자극하는 데 사용될 수 있다. 또한 단계들은 시스템들이 거치게 되는 다양한 발전 수준들을 설명해 준다. 그러나 발전이 단계를 순차적으로 거쳐야 할 의무가 있는 것은 아니다. 특히, 기술 개발 분야에서는 시스템이 개별 단계를 건너뛸 수 있는 것으로 나타났다. 더 높은 단계로의 발전을 위한 시스템의 진화 단계는 **발생**(emergence), **최적화**(optimization), **동적화**(dynamization), **통합**(integration) 그리고 **상위시스템**(upper system)으로 구성된다(그림 39 참조).

그림 39: 안전벨트의 사례로 본 '더 높은 단계'로의 발전 단계　　　　　　출처: 저자 제공

발생 단계는 문제점에 대한 솔루션의 첫 번째 구현을 설명한다. 이 단계에서는 아이디어를 위해 몇 가지 기능적 원칙 솔루션이 개발되며, 이는 이전에 알려지지 않은 고객의 요구 또는 잠재적 희망을 처음으로 포함하게 된다. 개인 보호 시스템 분야에서 다양한 시스템이 19세기 초반 및 중반에 개발되어 판매되었다. 1950년대에는 자동차 경주용에 4점식 안전벨트가, 승용차에는 2점식 안전벨트가 사용되었다. 그 당시에는 2점식 안전벨트의 길이가 고정되어 있었다. 그러나 그것은 아주 기초적인 안전 기능만을 수행했다.

실질적인 부가가치를 창출하는 시스템은 발생 단계 다음에 오는 **최적화 단계**를 거친다. 원래 개발된 솔루션은 특수한 사용 단계 동안 첫 번째 구현 시의 기능적 원칙을 유지하면서 최적화된다. 안전벨트는 구속기능과 관련하여 최적화되었다. 그 결과로 골반과 상체를 모두 등받이 쪽으로 지지해 주는 3점식 벨트가 만들어졌다. 최적화 단계는 사용의 특정 상황과 단계에 최적의 구조를 형성하는 것이 특징이다. 이 단계에서는 이미 기능을 인식하고 있지만, 때로는 만족되지 않았거나 새롭게 확실해진 요구사항들이 구현되어 포함된다. 아울러 그 형식에 있어서는 상이한 기원을 지닌 시스템들이 서로 가까워진다. 이렇게 해서 유사-표준화(quasi-standardized)된 최적화가 만들어지며, 그것은 종종 표준화의 기초가 된다. 3점식 안전벨트 지지 시스템은 오늘날까지 대안이 출시되는 와중에도 그 지위를 지키고 있다.

최적화된 시스템은 사용 단계 또는 사용 환경에 이상적이다. 따라서 최적화 단계는 한 시스템의 진화 발전의 종결점이 아니라 오히려 다양한 개발과 확장의 시작점이라고 할 수 있다. **동적화 단계**에서의 최적 시스템은 다양한 사용 단계 및 조건에 따라 달라진다. 시스템은 사용 중에 다양한 조건들에 적응할 수 있도록 추가로 개발되고 있다. 하나의 특정한 상태에 최적화된 해결책은 여러 상태에 적합하도록 확대된다. 또한, 남아 있는 시스템 고유의 개발 가능성이 다각적으로 활용된다. 안전벨트는 길이 조절기능과 관련하여 동적으로 만들어졌다. 그 결과 안전벨트는 신장이나 신체 둘레와 같은 상이한 인간적 변수, 즉 상이한 사용조건에 따라 최적화로 조정될 수 있다. 오늘날, 안전벨트는 스스로 또는 자동적으로 개별 운전자에 적합하게 조정된다.

시스템을 더 이상 동적으로 발전시킬 수 없게 되면, 새로운 기능들이 통합되어야 한다. **통합 단계**에서는 자체 시스템 한계를 극복함으로써 시스템의 성능이 향상된다. 시스템은 시스템 범위 내에 통합되는 새로운 하위 시스템을 수용한다. 최적화 단계처럼 통합 단계도 시스템의 다양한 지속발전을 위한 출발점이 된다. 무엇보다도 안전벨트 텐셔너가 안전벨트 시스템에 추가된 것을 언급할 수 있다. 이것은 자동차 충돌 시 벨트를 잡아당겨 탑승자를 최적의 정지 위치에 고정시킨다. 결과적으로 사고발생 시 탑승자의 안전을 보장한다.

통합 단계에서 개발 기회들이 소진되면, 시스템 자체가 상위시스템으로 통합된다. 이때 시스템의 고유한 성능한계와 요구사항은 더 높은 수준에서 극복된다. **상위시스템 단계**의 특징은 관련된 시스템 기능들의 네트워킹을 통해 효율적인 전체 시스템을 형성하는 것이다. 개별 시스템들의 상호작용을 통해 새로운 차원의 자유와 기능들을 만들 수 있다. 안전벨트, 시트 시스템, 에어백, 충돌 전 센서 시스템 등의 네트워킹으로 인해 승용차에서 더 강력한 전체 차량 안전시스템을 구축할 수 있게 되었으며, 이는 충돌 전에 최적의 위치에 배치된다. 오늘날의 상위시스템 발전은 충돌을 완전히 피하는 것을 목표로 삼고 있다.

여기 제시된 패턴들은 너무나 근본적인 것이어서, 기존의 논리에 대한 더 나은 지식과는 달리, 방향에 대한 믿음이 생겨날 수 있다. 한계를 위험이 아닌 추가 개발을 위한 기회로 이해하는 것이 중요하다. 이것은 '항상 모든 것을 재창조, 재발명해야 한다'는 직감을 지배하지 않고, 성공 패턴을 잠재력이 풍부한 발전 방향으로 나아가도록 유도함으로써 가능하고, 이렇게 함으로써 전통적인 창의성 기법의 자극을 넘어서는 방향이 설정된다. 또한, 상위 단계의 기본 원칙은 개발 프로세스를 설명하는 일반적인 패턴이 구축될 수 있는 방법을 제시한다. 그림 40은 더 높은 단계로의 발전을 설명하기 위한 모델의 진화적 발전을 보여준다. 역사적으로, 순간적인 고려사항들은 원래 개발 경로의 형태로 수행되었으나, 이들은 개발주기형태의 관점들로 대체되었다. S-curve 모델은 발전이 선형적으로 진행되는 것이 아니라 반복하면서 도약한다는 것을 보여준다(33). 그러나 호르크스(Horx)에 따르면, S-curve 모델은 메가트렌드를 설명하기에는 적합하지 않다(34).

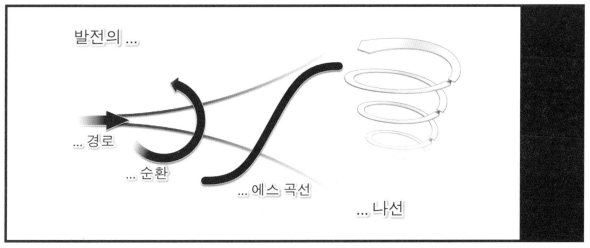

그림 40: 발전 설명 모델들   출처: 저자 제공(Reichel, 1984, S. 11-21, 31, 72, 78-80; Altschuller, 1984, S. 86-95 참조)

더 높은 단계로의 발전의 기본 법칙은 2차원 모델이 더 높은 단계로의 발전을 위한 보편적인 패턴으로서는 제한적임을 시사한다(35). 더 높은 단계로의 발전을 회귀와 결합하여 매핑하는 것이 중요하다. 이러한 결합은 발전하는 나선 형태로 3차원 나선 형상(helix geometry)을 제안한다.

첫 번째 기본법칙인 '**부정의 부정**(negation of the negation)'은 과거의 성공적인 패턴이 새로운 차원에서 다시 주목받는 경우를 일컫는다. 이 패턴은 풍차를 재해석한 현대식 풍력발전기를 통해 인상적으로 확인된다(그림 41 왼쪽). 이러한 이유로 과거의 '실패한 개발 프로젝트'와 오래된 특허의 내용은 혁신 프로젝트에 매우 흥미로운 것들이다. 새로운 프로세스, 변화된 타깃 그룹을 위한 새로운 네트워크를 통해 과거의 창의적인 접근방식들을 새로운 차원으로 끌어올리는 것은 드문 일이 아니다.

두 번째 기본법칙인 '**대립항의 통일성과 양극성**(Unity and Polarity of contrasts)'은 더 높은 단계로 발전해 가는 과정에서 모순에 대한 장벽으로 해석될 수 있는 지점이 항상 있다는 패턴을 설명한다. 이들은 더 높은 단계로 가는 나선형 모델에서 나선 속에 붉은색 단절로 묘사된다(그림 40). 이것을 극복하면 새로 형성된 경쟁 규칙으로 인해 종종 매우 수익성 높은 새로운 분야가 발생한다. 음악 업계의 사례를 통해 이 패턴의 파괴적인 잠재력을 분명하게 확인할 수 있다. 예를 들어, 스트리밍 서비스는 음악을 언제 어디서나 무제한적으로 들을 수 있게 함으로써 전통적인 레코드 회사의 비즈니스 모델을 활용했다(그림 41 센터). '블루 오션 전략'에서는 이러한 현상을 다음과 같이 설명한다. 일단 규칙이 새롭게 정의되면 경쟁 환경도 새롭게 구축된다(36).

더 높은 단계로의 발전의 세 번째 기본법칙은 '**양에서 질로의 전환**(transition from quantity into quality)'으로, 이 법칙은 새로운 품질로의 전환이 이루어지기 전에 기존의 업계규칙 및 경쟁규칙 내에서 양적인 업적이 필요하다는 것을 설명하고 있다. 텔레비전의 발전양상을 살펴보면, CRT 텔레비전의 형태에서 유사 표준이 만들어졌다는 점이 분명하다(그림 41 오른쪽). 시장에는 많은 양의 비슷한 제품들이

그림 41: 더 높은 단계로의 발전을 위한 기본법칙들

출처: 저자 제공

있었다. 이렇듯 비슷한 것들이 많다는 것은 항상 혁신 정체에 대한 강력한 신호가 된다. 또한, 이 CRT 기술은 화면 크기와 관련하여 제한이 있었는데, 그 이유는 화면 대각선이 장치의 깊이와 직접적인 연관이 있었기 때문이다. 이 때문에 텔레비전 크기 확대에 대한 요구를 충족시킬 수가 없었다. 새로운 품질은 평면 스크린 기술의 형태임이 분명했다.

또한, 나선형상은 성공적인 혁신가의 중요한 특징을 보여준다. 지속적으로 변화하는 능력은 여기서 나선 방향의 연속적인 변화를 통해 표현된다. 혁신가 활동의 특징은 기존의 성공 요인과 건전한 거리를 두고 변화 속도의 벡터보다 항상 적극적으로 앞서 나가기 위해 끊임없이 질문한다는 것이다. 그러나 특히 성공적인 조직들은 항상 '단기적 안목'만 추구하지 않는다. 그들은 미래를 예측하고, 미래의 생존력을 적극적으로 갖추기 위해 특히 '돌파구를 마련하는 것', 즉 '혁신'에 자신들의 활동을 집중한다. 그들이 피하는 것은 '너무 오래 직진'하거나 '트렌드에 잠자는' 태도이다.

Take away

더 높은 단계로의 발전의 법칙들은 변화의 길을 제시한다(그림 42 '나선형의 더 높은 단계로의 발전모델' 참조). 미래 설계자들이 이러한 진화 패턴을 따를 경우, 새로운 등대를 미래의 이정표로 정의할 수 있게 된다. 혁신가들은 오늘날과 미래 사이에 상충되는 목표들을 체계적으로 탐색한다. 그림 42는 이러한 상태를 발전의 나선 한가운데 있는 빨간색 장벽의 형태로 상징적으로 표현하고 있다. 여기서 발전의 나선은 현재의 사고 프레임(닫혀 있음, 빨강)과 미래의 사고프레임(열려 있음, 파랑)과의 대립을 통해 생겨난 것이다. 이때 전통적 접근법은 전적으로 타협으로 귀결된다. 상충되는 갈등을 해결하기 위해서는 '새로운 논리'를 구현할 수 있도록 기존 논리에 근본적으로 도전해야 할 필요가 있다.

모순지향적 혁신가는 새로운 기준점을 식별하여 이러한 논리장벽을 체계적으로 파괴한다. 지속가능한 미래지향적 발전을 위해서는 기존의 최적화 변수에만 의존하는 것만으로는 충분하지 않다. 기존의 최적화 변수들로 인해 기존 논리를 벗어나지 못하는 점진적 발전이 이루어지기 때문이다.(그림 42 빨간색 사고프레임의 발전터널

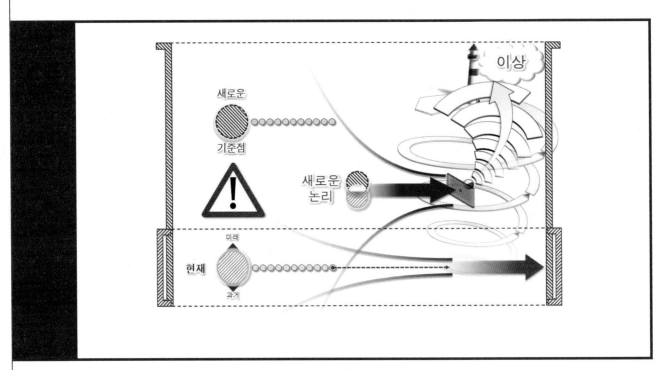

그림 42: 나선형의 더 높은 단계로의 발전모델에서의 혁신적 지름길

출처: 저자 제공

참조). 이러한 지식을 바탕으로 혁신가들은 보다 높은 추상화 수준에서 현재의 사고 프레임(닫혀 있음, 빨강)을 넘어서 새롭고 혁신적인 질문들을 공식화할 수 있다. 모순지향적 사고는 논리장벽을 파괴하고 새로운 차원의 자유를 개척한다. 이러한 전략적 방향설정 도구는 '비논리적 목표'를 정서적으로 인식하고, 근본적인 전략적 의사결정에 대한 추론 및 예측에 신뢰성을 제공할 수 있도록 하는 창의적 프로세스의 기초를 형성한다.

다음은 도전과제들이 실제로 전략적으로 적절하고 타당한지 평가하는 데 활용된다.

- 광범위한 업계의 노하우를 갖춘 다수의 전문가 집단이 토론을 통해 모순을 관련성 있는 장벽이라고 공통적으로 결론을 내렸다.

- 트렌드 및 더 높은 단계로의 발전의 법칙들과 같은 전략적 방향설정 지침들은 모순에 대한 해결책이 미래의 잠재력을 열어준다고 주장한다.

- 의심할 여지없이, 전문가 집단의 상당수가 종래의 경쟁 논리를 기반으로 한 어떤 해결책도 찾을 수 없다.

- 모순에 대한 해결책은 자신의 역량 분야를 벗어난 사고의 틀에서 어느 정도의 창의적 수준과 연상적 이동을 필요로 한다. 하나의 가능한 해결책은 새로운 성능기준 및 현재 사용되는 종래의 한계를 정리하는 것이다.

이런 맥락에서 WOIS 비디오 '비논리!(illogik)'를 참조하라(그림 43).

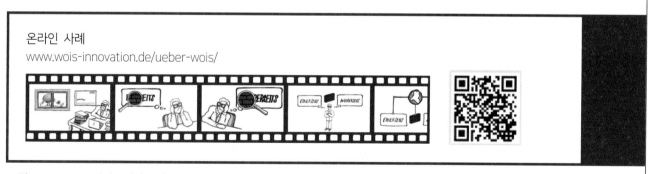

온라인 사례
www.wois-innovation.de/ueber-wois/

그림 43: WOIS 비디오 '비논리!'

출처: 저자 제공

변환(transformation) 프로세스는 어떻게 설계할 것인가?

05

5. 변환(transformation) 프로세스는 어떻게 설계할 것인가?

디자인 프로세스를 통해 초기의 모호한 아이디어로부터 혁신을 체계적으로 수행할 수 있다. 현재까지 다양한 혁신프로세스 모델들이 개발되었고, 그중에 쿠퍼(Cooper)의 스테이지 게이트 모델이 오늘날 기업에 널리 사용되고 있다(1). 이 모델은 혁신프로세스의 특정 지점에서의 이행 정도에 따라 개발을 개선하기 위해 여러 번 반복될 수 있는 다음과 같은 단계들로 구성된다(2).

- 아이디어 단계

- 평가 단계

- 비즈니스 케이스 설계 단계

- 개발 단계

- 고객과 함께 하는 검증 단계

- 시장 도입 단계

- 제품 마케팅 단계

"혁신관리에서 **핵심 도전과제는** 가능한 가장 효율적인 접근방식으로 새로운 제품 또는 프로세스를 창조하는 것이다. 이를 위해 현대의 혁신관리는 입증된 일련의 표준화된 절차와 방법에 의존한다. 혁신프로세스의 체계적이고 효율적인 설계와 관리를 위해서는 혁신관리에 그러한 방법들의 도입은 기본이다. [...] 따라서, 제품 및 프로세스의 혁신을 성공적으로 계획하고 구현하기 위해서는 어떤 아이디어를 만들어낼 것인지, 어떤 전문적인 노하우를 사용하고, 어떤 기술을 개발해야 하는지 등 내용적인 측면뿐만 아니라 이 과정이 어떻게 실현될 수 있는지 이해하는 것이 중요하다. 구조적으로 확립되고, 체계적으로 시행되는 혁신관리는 '행복 엔지니어링'과는 달리 목표에 맞는 방법과 도구의 사용을 필요로 한다. 방법과 도구의 사용은 혁신의 성공에 매우 중요한 영향을 미치며, 따라서 기업의 성장과 가치향상에도 크게 영향을 미친다.

혁신관리에서 기업은 혁신프로세스를 계획하고 실행, 관리 및 모니터링하기 위한 광범위한 종류의 방법과 도구를 이용할 수 있다. 이러한 방법을 사용하는 목적은 신제품 또는 프로세스 형태로 혁신을 보다 효율적으로 함으로써 보다 빠르고 저렴하면서도 품질을 향상시키기 위해서다. 혁신관리 방법에 대한 제시와 체계화는 혁신프로세스의 이상적인, 전형적인 단계 진행을 기반으로 한다(3)."

앞서 설명된 제품과 프로세스에 대한 혁신 관점은 최근에는 비즈니스 모델 혁신을 포함하도록 체계적으로 확장되었다(4). 혁신프로세스에 대한 기존의, 아직도 널리 이해되고 있는 것은 프로세스의 초기 단계에서 발전을 위한 아이디어와 접근방식의 인풋(input)들이 얼마나 좋은가에 따라 그것의 성과가 크게 좌우된다는 것이다(5). 이러한 사실은 선행개발부서를 구성하기 시작하면서 확실해졌다. 처음에 잠재성이 높은 것으로 평가된 아이디어와 접근방식들 중 극히 일부만이 시장에서 성공하게 된다는 사실은 연구를 통해 밝혀졌다(6). 이러한 이유로 기존의 업계기준에 따라 선별하여 확실히 우수한 품질을 필터링하기 위해서는 우선 깔때기에 '보다 많은 양'을 담아야 한다고 주장하기도 한다. 로드맵이 '빈틈없이' 완벽할 경우, 인풋이 되는 양은 말하자면 확실한 보장으로 인식된다. 갈수록 복합적인 문제가 제기되는 상황에서 조직의 지속가능한 미래를 확보하려면, 브레인스토밍에 의지하는 것만으로는 부족함에도 불구하고, 많은 이들이 여전히 이러한 방식에 의존하고 있다. 심도 있는 아이디어 생성 및 소위 완벽한 선별이라는 새로운 관점을 취하지 않는 한, 자원에 대한 더 강한 의존과 '더 많은 유사한 것(more of the same)'들의 양산으로 귀결되는 '쳇바퀴'돌기를 초래할 뿐이다.

5.1 초기 단계에서는 양보다 질이다

구조화된 프로세스(Stage Gate®)는 개발 프로세스의 효율성을 높이는 데 도움이 될 수 있다. 그러나 올림피아의 사례는 근본적으로 다른 형태의 새로운 개발이 있다는 것을 보여준다. 차별화는 특정 시장, 산업 또는 세상을 위한 새로운 제안의 정도에 따라 이루어질 수 있으며, 프로젝트의 복잡성, 기회 및 리스크를 증가시킬 수 있다. 기존의 시장특성들을 개발 및 평가의 기준으로 사용하는 프로세스를 통해 획기적인 수준의 새로운 개발이 달성되어야 하는 것이 운영효율성(operational excellence)을 창출하는 데 필수적이지만, 기업의 지속가능성을 위해서는 이것만으로는 충분하지 않다. 옌스 우베 마이어

(Jens−Uwe Meyer)에 의하면 이 지점에서 기존의 혁신관리는 한계에 봉착하는데, 이는 기존의 프로세스 프레임워크 조건들이 혁신적 활동을 제한함으로써 단지 점진적 혁신 개발방식에 머물게 하기 때문이라고 한다(7).

파괴적인 잠재력을 가진 새로운 개발은 시장수용성 문제부터 운영에 이르기까지 다양하고 복잡한 예측 불가능성, 즉 불확실성과 관련되어 있다. 가능한 제안의 참신함은 기업가 환경에서 경제적 실패의 위험성이 높은 수많은 열린 질문들을 만든다. 파격적인 새로운 것의 개발은 전 업계의 경쟁 환경을 새로 구성할 수 있고 미래의 성장 동력이 될 수 있다. 기존 산업 기준 내에서의 점진적 발전의 가치 창출 잠재력은 종종 제한적이었지만 예측할 수 있었다. 많은 경쟁자들이 비슷한 공급특성을 갖고 시장점유율을 다투는 경우에는 일반적으로 가격만이 결정적 차별화 전략으로 남는다. 점점 더 단기적으로 새로운 제안을 창출해야 한다는 압박, 또는 초기 영감 단계에서 추론 및 예측에 대한 확신과 함께 창의성을 증가시키기에는 뚜렷하지 않은 기술들은 예측 가능한 프로젝트로 위험이 낮은 것처럼 보이게 하기 위해 프로젝트의 포트폴리오에 집중하게 한다(그림 44의 순차적 프로세스 진행 참조). 이러한 것들은 종종 **중장기적으로 과거 시장의 니즈를 개발함으로써 미래시장 요구를 무시한 개발이 진행되고, 이 경우 파괴적인 시장참여자들에 의해 퇴출될 수 있는 보이지 않는 위험에 놓이게 된다.** 보통의 경영방법은 어떠한가. 상대적으로 늦은 시점에서의 프로젝트 포기는 실패로 간주되며, 투자된 자본과 투입된 자원은 막대한 상황이 된다. 따라서 프로젝트가 이미 많이 진행된 후단에서 더 이상 추진이 어렵게 된 경우에는 타협솔루션을 탈출구로 고려하는 것은 드문 일이 아니다. 결국 이러한 진행 방식에서는 원래의 의도는 전혀 찾아볼 수 없는 결과를 초래한다. 책임자들의 관점에서 볼 때, 기존 규칙들을 깨뜨리지 않고 해결책을 찾아내지 못하기 때문에 발생하는 것이다. 이런 방법밖에는 없는 것일까?

그림 44는 WOIS의 모순지향적인 변환 프로세스를 순차적인 프로세스 흐름과 비교하여 보여준다. WOIS 프로세스는 초기 개발 단계부터, 올바른 방향을 먼저 식별하기 위해 다양한 분야를 아우르는 학제 간 개발 프레임워크의 포괄적인 관점에 중점을 둔다. 왜냐하면, 올바른 질문이 제기되면, 문제가 반 이상 해결된 것으로 볼 수 있기 때문이다. 여기서 과거부터 현재를 거쳐 미래까지 개발 측면에서 모든 기업차원을 동시에 관찰하여 궁극적으로 미래에 대한 공통적인 서로 상충되는 극좌표를 설정하고 현재와 미래 사이에 모순의 형태로 주요 장벽들을 형상화한다. 이러한 초기의 모순지향적 대립은 기존의 프레임워크를 넘어서는 획기적인 발전이 순차적 개발프로세스보다 더 신속하고 표적화된 방식으로 야기될 수 있도록 한다. 또한, 각 개발 단계에서 아이디어의 '유출'을 방지하고, 반복되는 변경을 통해 자

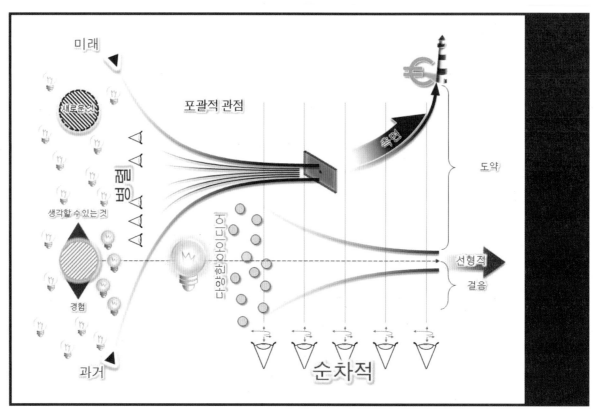

그림 44: 모순지향적 변환 프로세스에서 양 대신 질   출처: 저자 제공(Cooper 2011: 101 참조)

원을 절약할 수 있다. 혁신적 변신(innomorphosis)이라고도 불리는 WOIS 변환 프로세스는 분석적 사고와 측면적 사고를 결합하여 혁신프로세스의 효율성뿐만 아니라 솔루션의 효과성을 향상시킨다.

5.2 새로운 차원의 자유를 가능하게 하는 분석적 창의성

일반적으로 기존의 전형적인 혁신 프로젝트는 현재 사업과 병행하여 진행된다. 이는 자원을 효과적으로 활용하고 시장연관성이 거의 없는 상아탑을 형성하지 못하도록 하기 위한 유용한 첫 번째 단계이다. 그러나 이러한 솔루션의 위험은 현재의 시장규칙에 대한 지식에 구속되어 있으며, 이는 거의 극복할 수 없다는 것이다. 따라서 다음과 같은 의문이 제기된다. 현재의 사업과 얼마나 차별화할 수 있는가? 팀에게 어떤 질문과 자유가 부여되는가? 어떤 정신자세로 임하는가? 어떠한 기본전제들을 의문시

해야 하는가? 팀의 성공을 평가하기 위해 어떤 기준이 사용되나? 어떠한 보고의무가 어떠한 목적으로 팀에 부과되는가? 어떠한 마음으로 동료들은 팀을 대하는가? 또한 주어진 것으로 인정하는 기본 주장은 무엇인가?

> 한편으로 중요한 것은 '창의성에는 자유가 필요하다'는 것이다. 그러므로 이러한 프로젝트들을 위한 여유, 자유로움은 확대되어야 한다. 다른 한편으로는 '필요는 발명의 어머니'라는 유명한 격언이 있다. 그러므로 프로젝트에 대한 부담을 높여야 한다. 이 또한 맞는 말이다. 그렇다면, '자유'와 '필요' 중 어떤 것이 더 중요한가? 다년간의 경험을 통해 다음과 같은 답을 제시할 수 있다. 둘 다 중요하다!

이러한 맥락에서, 새로운 비즈니스 모델에서는 항상 되풀이되는 실패요인들이 있다.

- '현재의 성공요인'이 새로운 아이디어를 평가하기 위한 기초로 사용된다.

- '현재의 기본전제'는 체계적이어서 의문의 여지가 없다.

- 현재 일상적인 업무에서 흔히 사용되는 기준과 보고에 의거하여 프로젝트가 관리된다.

- 주요 탐색은 '빠른 성공'을 위한 것이며, 그로 인해 미래상을 그리는 작업은 뒤로 미뤄진다.

새로운 방향설정을 위한 환경은 어떤 기본조건을 갖춰야 하는가? 혁신을 위해서는 단기 모니터링을 받지 않는 프로세스 환경이 유용하다. 이것은 새로운 사고방식을 발전, 성숙시킬 수 있는 자유를 제공함과 동시에 관련 결과를 제공해야 하는 부담도 발생시킨다.

5.3 초점을 넓히는 프로세스

체계적으로 새로운 토론의 관점을 요구하고, 개방적이고 미래지향적인 토론문화를 통해 명확하게 **구체적으로 인식된 장벽들에 대해서 의문시하는 구조화된 프로세스가 필요**하다. 혁신프로세스에서 추론과 예측이 더 정확하게 되는 새로운 방향을 어떻게 찾아야 하는가? 방법은 다음과 같다. 새로운 아이디어와 접근 방식을 단순히 관리하는 데 머물러서는 안 된다. 새로운 방향설정을 위한 프로세스는 '확장력 있는 집중화된 사고'에 의한다. 전체 환경변화에 대한 관찰을 바탕으로 체계적으로 세분화된 과제에 초점을 맞추고, 혁신적인 솔루션을 기반으로 하는 전반적으로 새로운 비즈니스 모델에 대한 관점으로 시각을 확장하는 것이 중요하다.

목표는 상위시스템에서 어떤 주요한 발전이 진행되고 있는지 파악하고, 자체 평가 기준에 의문을 제기하기 위해, 상위시스템에서의 발전이 우리의 비즈니스에 어떻게, 얼마나 영향을 미칠지를 인식하는 것이다 (8). 많은 기업들은 그들의 성과 또는 성능을 특징짓는 그들 산업 고유의 노하우를 우선시한다. 그러나 리더십은 결정적으로 노와이에 대한 새로운 논점, 주장을 발견하는 능력, 즉 미래의 도전들을 예측하고 경쟁규칙을 재정의하는 능력에서 크게 좌우된다. 이를 통해 미래상을 설계하기 위한 프로세스에 대한 구체적인 요구사항들을 도출할 수 있기 때문이다. **결정적인 이점은 미래 프로세스의 초기 단계에서 발생한다. 미래의 발전 방향을 예측하고, 이러한 발전 방향에 대한 기준점들을 기존의 활동과 기존의 성공 메커니즘과 대면시켜 잠재성이 있는 방향을 도출하는 능력은 미래의 성공을 결정짓는 열쇠이다.**

기존 논리의 변환은 현재 지배적인 산업 논리를 이상적인 관점으로 확장함으로써 이루어질 수 있다(9). 여기서 중요한 것은 오늘날의 시각으로는 비합리적이거나 도달할 수 없을 것 같은 관점들도 토론에 포함시키는 열린 자세이다. 이러한 자세는 현재 비선형적 투영에 의한 아직은 미약한 신호에 대한 관점과 과거의 역사적 발전에 대해 새로운 차원의 접근법과 관점을 대응하는 것에서 비롯될 수 있다. 전략적 방향설정 수단과 메가트렌드를 통한 자극은 직감을 객관화하고, 질을 확보하기 위해 양을 극대화하는 고전적인 접근방식에 비해 효과가 높다. 의식적으로 토론의 범위를 확대해야 가능성이 큰 새로운 방향을 미래의 출발점으로 인식할 수 있는 능력이 생긴다. 동시에 토론 과정에서 본래의 핵심에 집중하지 못하여 정체성을 잃게 되는 커다란 위험도 존재한다. 따라서 이 단계는 다양한 분야의 중요한 의사결정자들을 참여하도록 구성하는 것이 필수적이다. 또한, 조직의 모든 주요 구성원들이 미래 프로세스의 활동을 합리적이고 정서적으로 다룰 수 있도록 하는 것도 절대적으로 중요하다. 그렇지 않으면 'NIH(Not Invented Here)'6 증후군이 발생할 확률이 높다.

---

6 NIH 증후군(Not Invented Here Syndrome): '여기서 개발된 것이 아닌' 제3자가 개발한 기술이나 연구 성과는 인정하지 않는 배타적 조직 문화 또는 그러한 태도를 말한다. 따라서, 주어진 문제에 대한 해법을 자신 또는 조직 내부의 역량만을 고집하여 해결하려는 배타적인 현상이 나타난다.

토론의 결과는 미래 프로세스에 참여한 모든 사람들의 합리적이고 정서적인 식별이 수반되어야 하며, 결과적으로 그로 인해 자체강화 프로세스가 시작될 수 있다. 오직 이러한 방식에 의해서만 실제로 새로운 논리가 개발되고, 그에 따라 효과적으로 조직이 바뀐다. 코터(Kotter)에 의하면 비전의 개발과 전달에 있어서 소통이 중요한 역할을 한다(10). 초기 단계에서 노력을 많이 들이는 것이 더 이상 선형적 발전과 규제가 아닌 획기적인 경쟁우위를 점하고 자체조직화를 특징으로 하는 진보의 토대를 마련하게 한다.

이러한 프로세스를 실현하기 위해서는 세 가지의 기본조건이 필요하다(11).

1. **정보 도입을 통한 불확실성 제거:** 정보는 공유됨으로써 소모되지 않고 증가하는 지구상 유일한 자원이다. 새로운 잠재력을 인식하기 위해서는 새로운 주장과 질서구조가 필요하다. 따라서, 새로운 관점을 취하기 위해서는 사고구조를 재정립하는 것이 필수적이다.

2. **불균형:** 주변상황과 균형을 이루고 있는 사람들은 균형을 위협하는 모든 변화를 위험으로 받아들인다. 그러므로 변화할 수 있는 능력은 내부적인 불안정상태, 변화할 의사가 있는 상태가 필요하다. 예를 들어, 이는 변화에 대한 압력이나 위협으로 인해 발생할 수 있다. 그러나 이러한 경우에는 패닉 상황에 빠질 위험이 있다. 패닉 상황에서는 우리의 행동능력은 최소화되고, 창의적 능력은 차단된다(4장 '영감을 주는 방법?'의 '인지' 파트 참조). 반대로 변화의 의지는 우리의 창의성과 성과를 고취시킨다. 한편, 현재의 부정적인 비즈니스 발전에 대해서 의사소통으로 변화의지를 도모하는 것은 효과적이라는 것이 입증되었다(12). 다른 한편으로는 긍정적인 미래시나리오를 제시하는 것은 성취할 수 있다는 자신감을 높여주고, 결과적으로는 변화 의지를 높일 수 있다. "이미 무엇인가가 되었다고 생각하는 사람은 무엇인가 성취하기 위해 나아가지 않는다."(소크라테스)

3. **상호작용의 비선형성:** 우리 시대는 비선형적 변화로 특징지어진다. 기준은 계속해서 새로 정의된다. 시장은 물론 이해당사자나 경쟁자조차 예측 가능한 목표에 놀라지 않는다. 따라서 각 팀 구성원부터 전체 조직에 이르기까지 합리적이고 정서적인 목표는 비선형적 결과를 달성하게 함에 틀림없다. 이때, 팀원의 공감이 전제되어야 한다. 공감이 없으면 상기한 효과가 발생할 수 없다. 긍정적 공감이 없고, 반감이 존재한다면, 긍정적 피드백이 필요한 결과를 얻을 수 없다. 이것은 프로 스포츠의 경우에서 매우 명료하게 확인된다. 재능있는 선수들이 많이 있는 팀이라고 해서 반드시 성공하는 것은 아니다. 팀원들이 하나의 큰 목표에 순응하고 팀과 공동의 목표를 위해 제 역할을 다하는 팀이 대회에서 우승할 가능성이 높다.

앞서 언급된 이러한 기본 조건들은 더 높은 단계로의 발전을 위해 초점을 넓히는 과정의 토대가 된다. 이들은 수학적 AND 함수와 연결되어 있다. 즉, 조건들 중 하나가 충족되지 않으면 전체 프로젝트가 실패할 가능성이 높다. 그러므로 성공적인 프로젝트 관리를 위해서는 기본 조건들의 준수를 적극적으로 유지하고 준수 여부를 모니터링해야 한다. 성공적인 미래발전은 더 높은 단계로의 발전을 위한 이러한 기본 조건들이 작용되는 환경에서만 일어날 수 있다. 살아있는 혁신 문화 없이는 구조 및 프로세스의 설계가 효과적이지 않다.

이러한 혁신 문화는 주로 팀의 자세 및 토론 문화와 관련이 있다. 일상적인 업무에서 우리는 직접적이고 구체적으로 문제들을 제기하고 대처 및 해결하도록 요구된다. 우리는 유럽에서 매우 직접적이고 구체적인 방식, 즉 신속하면서도 이해할 수 있도록 일하는 것에 익숙하다. 새로운 방향의 개발에는 차별화된 접근방법이 필요하다. 앞서 설명되었던 그림 35는 생산적인 창의성을 위한 추상화 프로세스를 설명한 것이다.

새로운 방향을 인식하고 설계하기 위해서는 추상적 수준에서 새로운 지식들을 재결합해야 한다. 이때, 구체적인 아이디어가 중요한 것은 아니다. 즉, 가치를 만드는 것이 반드시 구체적인 아이디어는 아니다. 중요한 것은 접근 방법에 대한 사고방식이다. 추상적으로 접근하고, 거기에 자신의 전문지식을 더하여 '원래의 생각과는 다르게' 설계하는 것이 발전을 특징짓게 된다. 특히 우리 시대에는 전문지식을 서로 연결하는 것이 새로운 가능성을 계속 열어준다.

에르푸르트 존(ERFURT & SOHN)의 기업사례는 경쟁이 심한 업계의 대표들에게 평범하지 않은 특이한 관점을 인정하고, 그 다음 지속적으로 재설계하는 것이 잠재력을 풍부하게 할 수 있다는 것을 보여준다.

5.4 에르푸르트 존(ERFURT & SOHN)의 기업문화 변화

모든 독일인들은 매일 에르푸르트 존의 제품을 마주한다. 독일가구의 80%가 부퍼탈(Wuppertal)에 본사를 둔 이 회사의 우드 칩 벽지를 사용하고 있다. 이 장에서는 그 혁신사례를 상세하게 다루고자 한다. 지난 6세대 동안 가족경영을 해 온 이 회사는 '편안함을 느낄 수 있는 벽지'라는 전통 콘셉트에 따라 기업을 확장시킬 수 있었다. 유럽에서 유일하게 남아 있는 우드 칩 섬유 생산자로서 해당 시장의 점유율로 성장목표를 정하는 것은 어려울 것이다. 기존에 정의된 전략을 뛰어넘지 않으면 더 이상의 기업성공을 계획하는 것은 불가능하다. 기업문화를 변화시켜야 하는 것은 피할 수 없다. 기업이 스스로를 재정의해야 하는 도전에 직면한 것이다. 성공적인 변화는 사회적, 기술적 변화로 인한 필수적인 변화에 전통의 가치가 반영되기를 요구한다. 이러한 가치제안의 변화에 기초해 비즈니스 모델을 위한 새로운 전략적 관점을 도출할 수 있다.

그림 45: 광고

출처: 에르푸르트 운트 존

또한, 추상화 원리는 새로운 관점과 방향을 열어준다. 에르푸르트 존의 경우, 수요 그룹 분석을 통해 '생활환경의 매력적 구성'이라는 잠재 분야에서 기존 제안이 확장될 수 있는 것으로 나타났다. 지금까지 다루지 않은 영역에는 어떤 것이 있는가? 마루? 창문? 외부영역? 대상 사업에 대한 특별한 제안은 어떻게 설계될 수 있는가? 표준화된 제품의 생산자가 어떻게 개별화된 맞춤 솔루션을 제시할 수 있는가? 이와 같이 광범위한 맥락에서 에르푸르트 존의 기업 DNA를 기반으로 어떻게 부가가치를 창출할 수 있는가? 이러한 모든 관점을 고려하여 7세대 비즈니스에서 그 기업은 다음과 같이 발전했다.

- 내부에서 외부로 그리고 벽에서 바닥까지: 메가우드(Megawood) 브랜드를 가진 노보테크(Novo Tech)에 투자함으로써 그 회사는 바닥 영역 및 외부 영역 분야까지 사업 확장이 가능해졌다. 유럽 전역 유통망과 좋은 관계를 지속적으로 유지해 온 것이 시장성공의 근간이 되었다. 또한 두 회사 모두 독특한 공정 환경에서 재료로써 목재를 가공할 수 있는 역량을 보유하고 있어 서로의 역량을 결합할 수 있었다.

- 표준화된 대량생산에서 개별화된 맞춤 솔루션까지: 업계에서 볼 때 매우 이례적인 내부 물류 프로세스를 통해 그 회사는 최종고객을 위한 맞춤형 생산에 성공하였다. 오늘날 점점 더 많은 제품들이 맞

춤 주문되고, 다양한 믹스로 고객에게 제공되고 있다. 특수 용지에 대한 지식, 디지털 인쇄기술과의 전략적 파트너십 및 쥬시월스(JuicyWalls)라는 스타트업의 인수로 이루어진 프로세스 능력이 '디지털 섬유벽지'라는 비즈니스 영역의 기초를 형성하였다. 개인 및 부동산 설계자들에게 개별적으로 방에 맞는 필요한 마감이 되는 최고 품질의 벽 디자인을 간단한 온라인 구성기능을 통해 이용할 수 있게 함으로써 전례없는 유연성을 제공하였다.

회사의 포괄적인 리포지셔닝에는 새로운 유형의 서비스 및 제품 개발 그 이상의 것이 필요하다. 고객 관계가 재정의되어야 한다. 변화과정에서 '우리는 스스로를 잠식해서는 안 된다'는 말이 사고의 장벽이 되어서는 안 된다. 기업 프로세스에서 병목현상이 체계적으로 나타나지 않도록 새로운 요구사항을 충족시킬 수 있어야만 한다. 새로운 차원에서 고객수요를 충족시켜야 하는 요구는 일반적으로 기업의 문화적 변화와 밀접하게 관련성이 있다. 즉, 과거의 환경조건에서는 소량주문 시스템은 현실적으로 불가능했지만, 새로 만들어진 서비스는 전체 비즈니스 모델에 새로운 요구사항을 제시한다.

혁신의 비논리
Die Unlogik der Innovation

모든 혁신에는 첫 단계에서 하나의 대담한 아이디어가 필요하다. 이러한 아이디어로부터 체계적으로 혁신을 창출하기 위해 디자인 프로세스가 만들어졌다. 쿠퍼의 스테이지 게이트 모델이 이러한 목적을 위해 기업들에게 널리 사용되어 왔다. 혁신프로세스에서 초기 단계의 중요성은 이미 혁신 커뮤니티에 인식되어 있다. 그러나 옌스 우베 마이어에 따르면 전통적인 혁신관리는 이 지점에서 한계에 부딪힌다.

오늘날 초기 단계들은 정량적으로 아이디어를 많이 만들어내는 것에 의존한다. 이를 통해 유망한 접근법을 찾을 가능성을 높여야 하기 때문이다. 양은 로드맵이 '빈틈없는' 것처럼 보여주므로 안전성이 담보되는 것처럼 보인다. 그러나 이 로드맵이 실제로 지속가능성으로 이어지는가? 이러한 좋은 느낌은 급진적인 혁신에 의해 새로운 기준이 도입되는 순간까지만 지속된다. 그러나 근본적인 혁신 접근방식들은 무질서한 확산 초기 단계에는 단지 미약한 신호로만 나타나고, **이러한 미약한 신호에 의지해서, 오늘날의 성공 패턴과 모순되는 불확실한 방향을 따라가는 것은, 변화가 자주 일어나는 시기에는 점점 더 어려워지고 있다. 그러나 이는 동시에 생존을 위해서는 반드시 필요한 것이다.** 우리가 기존 비즈니스 모델의 미래가능성에 도전하기 위해서는 모순지향적인 사고방식이 필요하다. 이러한 형태의 새로운 방향설정을 따르는 프로세스는 '초점을 넓히는' 원칙을 따른다. 추상화 수준에서 지속적인 변화는 지식의 재배열과 지식의 연계를 강하게 자극한다. 이렇게 함으로써 전통적인 프레임워크에서는 보이지 않았을 기회를 인식할 수 있는 가능성을 높일 수 있다.

모순지향적 혁신전략(WOIS)에 따르면, 이러한 **혁신개발 프로세스는 3단계로 구분**된다(그림 46 및 47 참조).

1. 첫 번째 단계는 **방향 탐색(search for directions)** 단계로 현재의 경쟁 논리 규칙을 정의하는 산업 전반적 사고체계인 개인 또는 부문 간 사고 프레임워크에 대한 포괄적인 분석 및 인식을 찾는 것이다. 이러한 관점은 비즈니스 모델의 모든 관련 측면에서 미래지향적인 발전 패턴에 체계적으로 대비되어야 한다. 이러한 접근법은 우리의 현재 비즈니스에 영향을 미칠 확률이 큰 일반적이고 범세계적인 발전추이를 확인하는 것을 목표로 한다. 나아가 현 단계에서 분석은 유추까지 확장된다. 구체적인 현상을 추상화함으로써 기본적인 패턴들이 밝혀지고 자신의 비즈니스에 적용 가능해진다. 이로부터 기존에 확립된 운영사업과 전략적 미래방향 사이에 근본적인 불일치가 도출되는데, 이러한 불일치로부터 자신의 평가기준에 대한 문제제기를 할 수 있다.

2. 두 번째 단계인 **방향 결정(directional decision)** 단계에서는 업계 내에서 보편적으로 인정되는 성능 한계가 핵심 모순의 형태로 형상화된다. 이렇게 하여 새로운 논리를 만들기 위한 혁신적인 문제제기가 체계적으로 이루어진다. 주지하는 바와 같이 '올바른' 질문을 던지는 것만으로도 혁신적인 해결책을 반 이상 찾아낸 것과 마찬가지이기 때문이다. 방법은 비논리적으로 보이는 도전과제들을 표현하여 공식화함으로써 이루어진다. 얼마나 큰 도전으로 보이느냐와 무관하게 솔루션은 일반적으로 세부사항에 숨겨져 있다. 기본적인 논리는 모순적인 과제들이 기존의 성능한계를 체계적으로 변화시킬 수 있는 가능성을 내포한다는 것이다. 새로운 차원의 자유를 활용함으로써 모순은 상위의 추상화 수준에서 하나의 합으로 수렴될 수 있다.

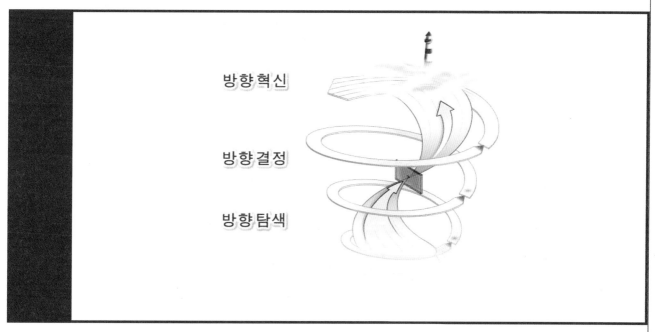

그림 46: 더 높은 단계로의 발전을 위한 나선형 궤도상에서 혁신의 지름길   출처: 저자 제공

3. 세 번째 단계는 **방향 혁신(directional innovation)** 단계로 미래 비즈니스 모델의 설계 단계이다. 모순적 도전의 실행과 해결 과정에 의해 새로운 결정점(deciding point)이 발생한다. 이 결정점들이 새로운 설계의 핵심이고 전체 비즈니스 모델을 포괄적으로 재구성하는 데 필수적인 부분이다. **이와 같은 프로세스로 기업은 더 높은 발전 단계로 가는 나선형 궤도상의 마라톤과 같은 장기적 경쟁으로부터 탈출해 미래로 가**

는 혁신의 지름길을 취할 수 있게 된다. 비즈니스 모델의 한 부분에서의 중요한 변화는 다른 부분과 동기화되어야 한다. 비즈니스 모델의 수익성은 기업의 모든 중요한 영역에 변화의 동기화가 유지될 때 보장받을 수 있다.

전체에서 세부사항으로 그리고 다시 전체로.
동시에 분석에서 변증법으로 그리고 다시 분석으로.

혁신적 변신을 어떻게 추진할 것인가?

06

6. 혁신적 변신을 어떻게 추진할 것인가?

혁신적 변신(Innomorphosis)은 기업이 경쟁 마라톤으로부터 탈출하여 미래로 가는 혁신적 지름길로 들어가도록 인도한다.

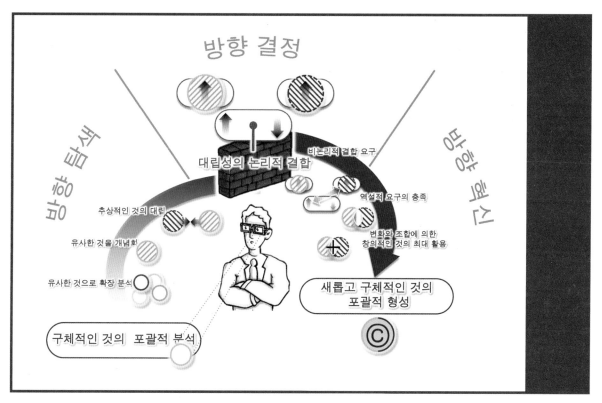

그림 47: 분석적 창의성 프로세스 - 창의성　　　　　　　　　　　　　　출처: 저자 제공

"객관적으로 볼 때, 특히 지난 20년간 중요한, 종종 충격적인 조직변화가 급증했다. 리엔지니어링, 새로운 전략, 합병, 축소, 품질을 위한 비용 증가 및 새로운 문화의 정립 등은 단시일 내에 사라질 것이라는 몇몇의 예견들이 팽배하지만 필자는 그렇게 될 가능성이 매우 희박하다고 생각한다. 강력한 거시경제의 힘이 여기에 작동하고 있으며, 앞으로 수십 년간 더욱 강화될 것이다. 그 결과 더 많은 기업이 비용절감, 제품과 서비스의 품질향상, 성장기회의 창출 및 생산성 향상에 매진해야 할 것이다. 어떤 기업들은 큰 변화의 노력으로 변화하는 환경에 현저히 적응하여 경쟁력을 제

고하는 데 성공하였으며 본질적으로 보다 나은 미래를 확보했음이 입증되었다. 그러나 대부분의 경우에는 자원낭비와 임직원들의 대량해고를 초래했다. [...] 지난 십 년간 지켜봐 왔던 낭비와 두려움의 대부분은 예방가능하다(1)."

"대부분의 공공 및 민간 조직은 수용 가능한 합당한 비용으로 상당히 개선될 수 있으나 변신의 도전과제에 충분히 대비하지 못해 그러한 변신을 시도할 때, 종종 치명적 오류를 범했다는 사실을 확인할 수 있는 자료들이 있다(2)."

변화 프로세스는 포괄적이고 전도유망한 새로운 비즈니스 모델을 설계하는 데 성공적이어야 한다. 예를 들어, 주요 고객을 대상으로 하는 판매채널이 없다면 신제품을 설계하는 것만으로는 충분하지 않다.

"비즈니스 모델은 하나의 조직이 어떻게 가치를 창출하는가에 대한 기본논리를 설명한 것이다. 비즈니스 모델에서 정하는 것은, (1) *조직이 고객에게 제공하는 가치가 있는 것*, (2) *조직 시스템에서 가치가 창출되는 방법*, (3) *창출된 가치를 고객에게 알리고 전달하는 방법*, (4) *기업이 창출된 가치를 수익형태로 포착하는 방법*, (5) *조직과 이해당사자들 간 가치를 분배하는 방식* 및 (6) *가치 창출의 기본논리가 향후 비즈니스 모델의 지속가능성을 보장하기 위해 어떻게 진화하고 있는지이다*(3)."

6.1 미래로 가는 길에서의 전략적 갭

지속가능한 성공은 혁신리더십의 기업가적 능력에 기반한 비즈니스 모델 혁신의 추세를 따른다. 미래를 만들어가기 위한 근본적 도전 과제는 개개인 내지는 각 조직체계에 의해 경험된 친숙함, 성공 및 평가의 영역을 정서적, 합리적으로 포기해야 하는 것이다(그림 48). 취해야 할 새로운 입장이 도전과제에 대해 최대 방해 효과를 가질 수 있기 때문에, 도전과제는 더욱더 어렵게 느껴진다. 새로운 그림은 오늘날의 논리로는 비현실적으로 보이며, 전문가의 지식이나 기존 평가기준과는 상충된다. 불확실성, 부족한 의사결정능력 및 불투명성은 이와 같은 난관을 더 어렵게 한다. 변화 프로세스를 성공적으로 이끌어가는 자들은 더 높은 단계로 가는 발전 패턴과 혁신원칙을 통해 불신을 희망과 신뢰로 바꾸는 데 성공한다. 새로운 관점을 위해 현재 사업의 성공패턴을 배울 필요가 있다. **이를 위해 필요한 프로세스는 일정 부분 의심을 포기하지 않으면서 상대적 냉철함을 유지하는 것이 중요하다.** 성공적인 변화 프로세스에는 다양성이 특징이며, 개혁의지, 동시에 안정적인 기업문화를 필요로 한다. 모순 지향적 관점에서 보면, 혁신적 변신은 혁신리더십의 미래지향적 강점과 운영탁월성을 형성하기 위한 자극 메커니즘의 결합을 필요로 한다. 교량역할이 필요하지만 정확하게는 상상할 수 없는 것들에 분별없이 리소스를 집중시켜야 할 필요성과 관련하여서는, 상상할 수 없거나 믿을 수 없는 목표로 인해 모든 관련자들에게 상당한 정서적 격차를 야기하게 된다(그림 49). 현재 비즈니스 모델로부터 근본적으

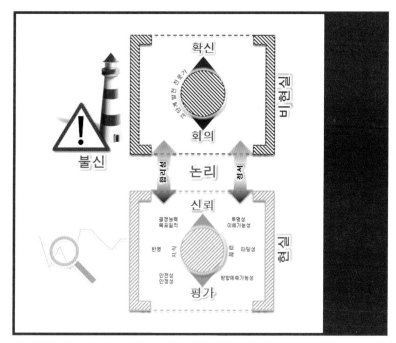

그림 48: 합의 도전과제 – 합리적이고 정서적인 토론   출처: 저자 제공

로 이상적으로 묘사된 미래상으로의 변신은 모든 합리적이고 정서적인 논리 연결을 극복해야 한다. 즉, 혁신리더십을 요구한다. 목표를 갖고 의식적으로 훈련하지 않고서는 성공가능성이 없다.

호기심, 현 상황에 대한 불만, 적정한 변화에 대한 압박 및 기존규칙을 의도적으로 포기하려는 태도 등은 기존의 접근방식을 의도적으로 버릴 수 있는, 포기할 수 있는 능력을 뒷받침한다. 반대로, 현재까지의 성공이 정확하게 기존규칙에 기반해 이루어진 경우 이러한 태도를 취하는 것은 더 어려워진다. 현재의 비즈니스 모델에 의한 성공이 크면 클수록, 현 상황에 문제를 제기하고 부정하는 것이 더 어려워진다. 오늘의 성공요인과 단절되는 새로운 관점과 마주하면서 두려움, 회의 및 불신을 갖게 되는 것은 충분히 납득될 만하다. **그러나 변화의 동력은 정반대, 즉 불신이 아닌 신뢰를 기반으로 한다.** 그러므로 오늘날의 성공을 바탕으로 새로운 비즈니스 모델 논리를 이끌어내는 재설계 프로세스에 대한 집중적인 논의가 필요하다.

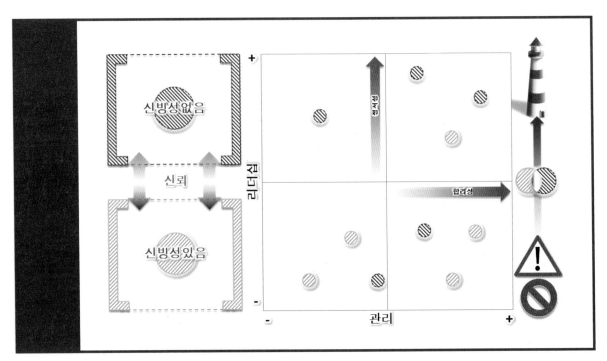

그림 49: 사고틀 극복 – 합리성 대 정서성   출처: 저자 제공(Kotter 2012: 61 참조)

신뢰 형성 과정은 기존 운영탁월성 체계의 논리적 관점에서 쉽게 설명될 수 있다. 의사결정능력, 신뢰성, 이해성 및 개인 보안 기능 등이 신뢰형성에 있어 기본적인 요건이다. 이러한 인식의 근거는 아리스토텔레스 논리의 조직적 사고의 틀, 즉 네 개의 기둥을 바탕으로 한 것이다. 측정가능성, 일관성, 인과성, 그리고 가장 작은 부분으로의 분해 가능성(4). 그러나 새로 부상하고 있는 비즈니스 모델 아이디어에는 이러한 모든 신빙성 있는 신뢰를 구축할 수 있는 측면들이 아직 존재하지 않을 수 있다. 그럼에도 불구하고 어떻게 다양한 분야로 이루어진 팀과 신뢰형성이 가능한가? 새로운 관점을 전략적 방향설정 수단의 새로운 맥락에서 미래지향적 사고방식과 결합함으로써 지금까지 믿을 수 없었던 성능의 타당성이 형성되도록 한다.

여기에서 미래상이 정서적으로 공감을 얻기 위한 전제는 합리적 통찰력이 아니다. 항상 자기 자신의 경험에 대한 개인적인 감정적 참여와 성찰을 필요로 한다. 투명성을 확보하기 위해서는 불편하지만 피할 수 없는 핵심질문, 핵심쟁점이 제기되어야 한다. 자신의 비즈니스 모델에 자발적으로 최대한의 위협을 가하기 위해 바로 오늘 해야만 하는 일은 무엇인가? 이 질문에 대한 답변이 미래의 고객에게 가치가 있는 것이라면 발전방향을 경쟁에 맡기지 말고 스스로 결정하는 것이 더 좋다.

대부분의 경우 창업자의 직감에 따라 주요 핵심 방향을 인식하고 기업의 미래를 대비한다. 그의 성공 스토리로 인해 임직원들은 그의 의사결정을 신뢰하게 되고 그 덕분에 오늘날 아직 비현실적으로 보이는 방향으로의 전환이 보다 쉽게 실행된다. 즉, 신뢰의 진전이 존재한다. 정서적 관점에서 이러한 신뢰는 안정감이라는 감정으로 나타나기 때문에 개개인의 합리성이 여전히 변화와 모순되더라도 창업자가 미래의 중요한 결정을 쉽게 시작할 수 있게 한다. 이러한 신뢰의 진전은 임직원들과 창업자의 논리에 대한 깊은 업계 이해를 근거로 하여 형성된다. 업계에 변화가 없는 한 효과가 있다. 근본적인 미래상이 현 상황과 대립되는 시점부터 과거의 의사결정 근거들은 그 타당성과 효과를 상실하게 된다.

이러한 패턴들이 소유주가 운영하는 조직이 아닌 경우에도 적용되는지의 문제가 제기된다. 여기에는 '창업자의 역할'을 대신하는 프로세스와 조직구조가 필요하다. 특히 대기업들은 지난 수년간 글로벌 변화의 신호를 조기에 포착하고, 그 포착된 신호들이 기업의 발전에 미치는 영향을 해석하기 위해 '기업 인텔리전스'를 구축하는 데 많은 노력을 기울였다. 이 지점에서 항상 반복되는 우리 시대의 핵심도전 과제가 부각된다. 자본과 역량이 큰 기업이 전략적 딜레마에 빠지지 않고 어떻게 새로운 길을 걸을 수 있는가? 가능한 한 주제와 개발방향은 다양하고, 거대 조직을 조정하기 위한 노력은 상당히 필요하다. 임직원의 수와 자본투입의 강도에 따라 그 관성은 비선형적으로 증가한다.

대기업의 경우에도 장기적인 미래상은 전략적 의사결정 프로세스를 지원한다. 하나의 결정이 내려지면 다소 복잡한 변화 관리 프로세스가 필요하다. 소규모 조직에서는 새로운 방향에 대한 논의로 충분할 수 있다. 글로벌 기업의 경우, 광범위한 활동을 위해 변화 관리 조직을 별도로 운영한다. 기존의 변화 프로세스는 근본적인 변신에서 한계에 직면한다. 그렇기 때문에 바로 이러한 근본적 변신은 보다 체계적으로 이루어져야 한다. 과거에는 소규모 그룹에서 새로운 그림을 완성하면 뒤이어 이를 조직에 적용하는 것이 가능했으나, 다양한 기준을 지닌 기회영역에서 그러한 절차는 더 이상 허용되지 않는다. 근본적인 문제설정을 위해 특별한 팀의 구성이 필요하다. 경영진과 전문가의 참여뿐만 아니라 다양한 전문분야 간의 협력이 요구된다. 이렇게 하는 것이 전략적 요구사항으로부터 가능한 한 구체적인 것에 집중하게 하고, 이를 비즈니스 관련 상황으로 바꿔 서로 연결할 수 있게 하는 유일한 방법이다. 성공비결은 전체에서 함께 세부사항으로 그리고 다시 전체로 돌아가는 것이다!

그림 50: 변신 프로세스의 전략적 격차　　　　　　　출처: 저자 제공(Cooper 2011: 101 참조)

여기에 설명된 책임에 대한 변화 패턴은 세대변화와 더 복잡한 조직구조에 대한 변화의 강렬한 도전을 정당화하는 데 사용될 수 있다. 밸류체인 전체에 걸쳐, 계층구조의 모든 단계에서 이질적인 지식 분야의 새로운 영감과 함께 지식 네트워크를 연결하는 것만이 체계적으로 새로운 관점을 개발할 수 있다.

존 코터(John P. Kotter)는 변화 프로세스 분야의 대가 중 한 사람이다. 특히 그가 기술한 리더십과 관리특성의 차이점은 관련된 전문가들의 능력과 태도에 있어서의 차이를 구별하는 데 도움이 된다(5)(그림 49). 쉬운 것처럼 보이는 길을 걷기 위해 공격적이고 주도적인 인물들로만 프로젝트 팀을 구성하면 안 된다. 오피니언 리더와 보수적 관점을 배제할 경우, 추후의 진행과정에서 전체 활동이 심하게 지연되거나 결국에는 이니셔티브 자체가 좌초될 수 있다. 모든 관점들의 긍정적인 대립은 미래에 대한 비전을 공유하기 위한 전제조건이다. 이런 식으로, 지속가능한 변화의 의지를 가져오게 되는데, 이는 구현의 단계에서 닥칠 수 있는 첫 난관에서 흔들리지 않도록 해 준다.

경영서적에서 많이 기술되는 '프론트로딩(Frontloading)'7이 바로 여기에 해당된다(6). **초기 단계에서**

7　역자 주: 프론트로딩 혁신이란 후속 절차에서 발생할 잠재적 문제를 앞 단계에서 미리 확인하고 해결하는 것을 뜻함. 즉, 프론트로딩 활동의 핵심은 신제품이나 신기술 개발 과정에서 고객 중심의 가치를 창조하는 한편, 불필요한 낭비를 줄이

통합된 등대상은 반복되는 토론을 방지하고 전략적 추진방향을 명확히 하며, 다음 단계에서 조정노력이 적게 들게 하며, 자원을 공동의 미래에 집중시키는 데 도움이 된다(3.4 '미래로부터의 역행적 발전' 참조). 변화 프로세스는 미지의 분야에서도 길을 찾을 수 있는 공격적인 리더를 필요로 한다. 이를 위해서는 업계에 대한 깊은 이해와 더불어 복잡하게 연결된 환경 속에서 더 높은 단계로의 발전 패턴에 대한 지식 또한 필요하다. 리더들은 세상의 무질서한 전개로부터 기업이 구체적으로 어떤 영향을 받는지를 이끌어 내고 경영진과 기업을 직면한 도전에 적응시키는 능력을 지녀야 한다. 변화는 도입과 구현 과정에서 리더십과 관리 기능, 둘 다 필요로 한다(그림 50).

기업의 구조와 프로세스는 물론 기업문화도 조정해야 한다. 임직원의 변화 의지가 활성화되어야 한다. 기업 및 각 개인의 혁신 과정을 성공적으로 수행하기 위해서는 의사소통과 투명성을 통해 각 개인의 안락지대가 확장되어야 하고, 새로운 공통된 관점을 지향해야 하며, 또한, 공동의 목표에 집중해야 한다. 기존의 성공적인 안정된 비즈니스 모델을 아직 알려지지 않은 미지의 미래상을 위해 포기할 수 있어야 한다.

비즈니스를 수행하려면 효율적인 프로세스와 린(lean) 의사결정구조를 필요로 한다. 이것은 이전에는 산업과 관련이 없었던, 그러나 본질적인 측면을 배제할 수도 있는 '고독한' 전략적 결정이라는 위험성을 내포하고 있다. 대조적으로 다양한 분야로 구성된 팀은 다양한 관점들을 토론에 제기할 수 있다. 그러나 이러한 의사결정과정은 일반적으로 오래 걸리고 체계적으로 '타협'으로 끝나기도 한다. 그러나 둘 다 필요하다. 다양한 분야의 관점을 하나의 공통된 상으로 수렴하기 위해서는 강한 리더와 분야별 전문가로 구성된 팀의 협력이 필요하다.

> **"리더십이란 당신이 원하는 무엇을 누군가가 스스로 원해서 하도록 유도하는 기술을 의미한다(7)."**

이것이 리더십의 역할이며, 가장 맨 앞에는 리더십의 이미지를, 외로운 의사결정권자는 후면에 놓인다. 중요도 면에서는 외로운 의사결정권자보다 리더의 자기이해도와 리더십의 역할이 조금 더 중요하다고 할 수 있다(8). 그렇다고 해서 혁신 과정에서의 의사결정권자와 중재자 역할의 가치를 의심해서는 안

기 위해 미리 사전점검을 벌여 시행착오를 줄이는 것이라 할 수 있음. 동아비즈니스리뷰(DBR), 2009.11월 45호, "프론트 트레이딩 - 기술혁신이 쉬워진다."

된다. 혁신의 초기 단계에서 리더십은 즉흥적인 결정이나 보편적 타협을 위한 탐색을 필요로 하지는 않는다. 필요한 것은 숨겨진 패턴과 신호가 미약한 미지의 영역에서 방향을 잡고 신뢰할 수 있는 인물들을 찾는 것이다. 리더십은 수많은 단편정보로부터 미래의 생존을 위해 포괄적이고 새로운, 지속가능한 미래상을 만들어내고 전달할 수 있어야 한다.

올림피아의 사례를 통해 어떤 잠재성과 위험이 조직을 변화시키는 능력과 관련되어 있는지 알 수 있다. IBM이 거대 시스템에 집중하고 있을 때, 올림피아는 '워드 프로세서' 그룹이라는 목표 집단을 일찌감치 인지하고 있었다. 올림피아의 개발자들은 핵심고객을 위해 새로운 방식으로 최신기술을 결합하여 책상 위에 놓을 수 있을 만큼 충분히 소형의 워드 프로세서로 최초의 데스크톱 출판 시스템을 출시했다. 시스템은 당대의 입·출력장치와 연결 가능했다. 이 시스템은 무엇보다 당시 주도적이던 IBM의 논리를 새로이 해석했다는 점에서 하노버 박람회에서 대중의 주목을 받았다. 그 당시 IBM의 컴퓨터는 일반 중소/중견기업들에게는 여전히 감당하기 힘든 비싼 가격이었다. 반면 올림피아의 시스템은 전문화된 조직이 구입 가능한 가격대였다. 유감스럽게도 올림피아는 이렇게 그들이 개발하여 얻은 기회를 포착할 수 있도록 자체조직을 포괄적으로 변신시키지는 못했다. 이 '혁신적인' 솔루션은 기계론적 분야로 이전되는 바람에 매우 약화되고 말았던 것이다.

지속가능성은 이상적인 미래상과 피할 수 없는 변신 프로세스에 필요한 노와이가 요구된다. 근본적인 혁신에 영감을 주기 위해 우리는 어떠한 입장을 취해야 하는가? 상충되는 목표 갈등 상황들을 해결할 수 있는 메커니즘은 무엇인가?

6.2 노하우와 노와이 간의 시너지

전략적인 차단 상황을 극복하기 위한 일반적인 패턴은 헤르베르트 피치만의 HX−분규 모델로 설명가능하다(9).

■ 양측이 자신들의 입장을 인식해야 한다.

■ 입장들이 상호 양립할 수 없는 것처럼 보인다.

■ 각자 입장의 '이면'이 합의의 방해요인이라는 인식이 생겨야 한다.

■ 자신의 이면은 본인의 긍정적 의도를 부정하면서 넘어서야 확인 가능하다.

각자의 이면을 통찰하는 것과 더불어 다른 관점을 가진 상대의 우려를 이해하는 것이 도전과제이다.

헤르베르트 피치만은 HX 분규 모델을 다음과 같이 설명한다. "우리는 반대의견을 가진 사람들과 전혀 진지하고 솔직한 대화를 하려 하지 않는다. 오히려 그들의 '이면'과 맞서 싸우는데, 이는 다음과 같이 이해할 수 있다.

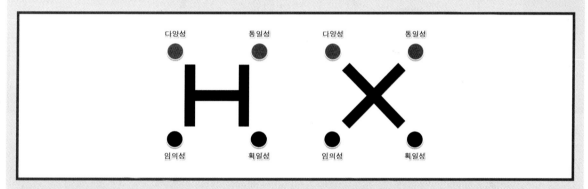

그림 51: HX 분규   출처: 저자 제공(Hamberger & Pietschmann 2015: 380 참조)

두 사람이 상대적인 입장, 한 사람은 통일성을, 다른 사람은 다양성을 주장한다고 가정해 보자. 각자 입장의 '이면'은 통일성의 경우 획일성이며, 다양성의 경우 임의성이다. 토론에서 쌍방은 상대방의 이면과 서로 맞서는 경우가 자주 발생한다. 결과적으로 유효한 해법이 도출되지 못하고 결합이 아닌 결렬이라는 결과가 나타난다. 반대로 피치만의 '변증법의 규칙'에 의하면 상위의 차원에서, 즉 더 높은 수준에서의 조화 또는 결합이 성공하는 경우에만 해법을 찾을 수 있다. 이를 가능케 하려면 양측이 잘못된 이면과 맞서고 있다는 것을 먼저 인식해야만 한다(10).

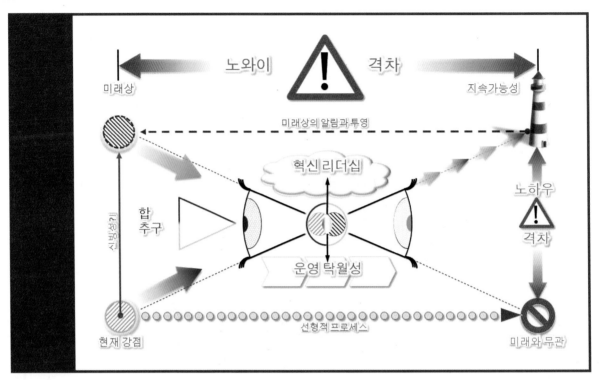

그림 52: 미래개발에서 노와이와 노하우의 역할   출처: 저자 제공

이러한 HX 장애 상황들은 혁신적 변신 프로세스 내에서 체계적으로 해결되어야 한다. 체면을 구기지 않고 상황이 해결되기 위해서는 양측이 동시에 통찰에 이르러야 한다. 혁신적 변신 프로세스의 맥락에서 HX 분규는 운영탁월성과 혁신리더십의 입장 사이에서 발생한다.

운영탁월성의 대표자들은 합리화조치와 효율성 향상을 통해 경쟁력을 유지하기 위해 기존 성공시스템 내에 추가적인 리소스 할당을 주장한다(그림 52). 반대로 혁신리더십의 대표자들은 기존 시스템에서 보다 큰 성공잠재력이 있는 새로운 기준시스템으로 변화하여 지속가능성을 확보하길 원한다. 운영탁월성은 혁신리더십의 '이면'에 주목하면서 변화로 인한 현재의 능률과 기업의 정체성 상실을 우려한다. 반대로, 혁신리더십은 시장에서 파괴적 혁신의 진입으로 인한 미래의 연관성 상실로 유발될 수 있는 운영탁월성의 '이면'에서 경쟁기반과 지속가능성의 완전한 상실을 우려한다. 이러한 갈등 상황은 혁신적 변신에 의해 극복되어야 한다.

공통점은 이미 분명하다. 시간적 관점의 차이가 있으나 양측 모두 경쟁력을 위해 노력한다. 이러한 상황에서는 새로 얻게 된 통찰력에 대해 합리적 검토가 가능하다. 전체 도전분야에 대한 보다 추상적인 관점을 통해 각자의 목표를 확장할 수 있다. 일반적으로는 이러한 도전은 노와이(미래)와 노하우(현재)의 거대한 격차(델타)로 인해 처음에는 해결할 수 없는 것처럼 보인다. 그러나 미래의 지속가능성을 위한 도전과제는 명백히 해결할 수 없는 일상의 핵심을 다루는 것이다. 변화 프로세스의 초기 단계에서는 정서적인 이유 때문에 논리적으로 정당화할 수 있는 목표의 달성이 불가능하다고 주장하기 힘들다. 혁신적 변신 프로세스에서는 새로 획득한 신뢰가 합리적 사실, 전개 및 확신에 의해 뒷받침되어야 한다. 오늘날의 관점에서 보면, 이와 같은 과정이 선행되지 않는다면, 처음부터 실패할 것으로 판단되는 문제제기에 어떻게 기업의 핵심자원을 투자하겠는가? 정서적 합리적 혼란이 극대화된 상황에서는 분석적, 논리적인 작업을 기반으로 한 솔루션 도출은 불가능하다. 이러한 장벽을 무너뜨리기 위해서는 분석적이고 창의적이며 변증법적인 사고방식이 필요하다.

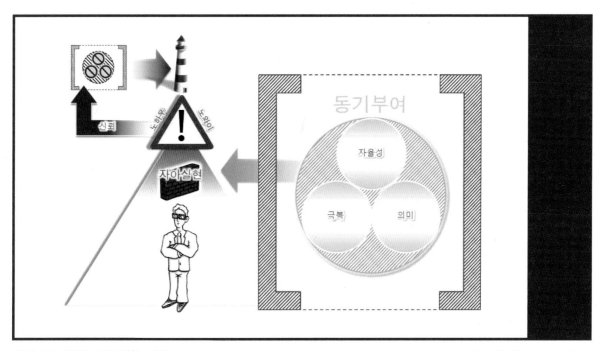

그림 53: '불가능'에 대한 신뢰   출처: 저자 제공(Pink 2009 참조)

변화의 필요성에 대한 노와이는 투명한 의사소통 과정을 통해 회사 내 각 계층에 전달되어야 한다. 회사 내에 일정규모의 함께할 사람들이 없으면 변화가 일어날 수 없다. 각 개개인이 기업의 지속가능성에 어떤 기여를 할 수 있을지 또는 기업의 미래를 함께 만들어 가는 과정에서 어떻게 도와야 하는지를 인식할 수 있어야 한다. 일정규모 이상의 사람들의 참여가 성공적인 변화 프로세스와 변화 활동에 관련된 모든 사람들의 사고방식에 결정적인 영향을 준다. 이는 당사자가 직접 팀원으로 참여하는가의 여부와 무관하다.

추구하는 변화에 대한 개인적 동기부여에 관한 것이다(그림 53). 동기부여는 매우 본질적으로 활성화된 상태일 수 있다. 이 분야 과학자들은 개인의 동기를 활성화하는 것이 매우 어려울 수 있다고 한다. 동기부여는 오히려 주변 환경과 개인이 상호작용함으로써 발생한다. 긍정적인 상호작용의 경우 누구나 스스로 동기를 부여할 수 있다. 매슬로(Maslow)의 욕구 피라미드8에서 자아실현의 욕구는 최상위에 있다(11). 자아실현 추구는 당연히 개인적 동기부여를 내포한다. 댄 핑크(Dan Pink)에 의하면 이러한 동기부여의 발현은 결정적으로 개인에게 작용하는 세 가지 요인에 의해 정의된다(12).

1. **자율성(Autonomy)**은 개인이 자신의 환경 내에서 자유롭게 발전하고 자신의 행동을 스스로 결정할 수 있는 능력을 표현한다.

2. **목적(Purpose)**은 정해진 목표(목표가 정의되었든 지정되었든지의 여부에 관계없이)에 대해 개인의 인지 또는 식별의 명확한 정도를 나타낸다.

3. **지배력(Mastery)**은 개인이 보유한 기술이 자신이 직면한 문제를 극복하는 데 도움이 되는지 여부를 설명한다. 바로 이것이 변화 프로세스의 중요한 포인트이다. 이러한 변화 과정에서 사람들은 그들의 기존 능력만으로 감당할 수 없는 도전에 직면할 가능성이 매우 높다. 이러한 도전적인 업무를 수행하려면 개인적인 발전을 필요로 하며, 따라서 동기부여가 될 수 없는 상황을 개인 개발을 통해 극복해야 한다. 위에서 언급한 개인행동 프레임워크와 관련하여 이러한 측면은 매우 중요한 부분이다.

변화 과정에서 사람들의 노하우 부족으로 인해 그러한 도전에 직면하지 못할 것이라는 두려움과 좌절가능성을 과소평가해선 안 된다. 노와이가 부족하여 사람들이 활동의 목표를 공감할 수 없다면 공포는 더

---

8   매슬로(Maslow)의 욕구 피라미드: 인간의 동기를 설명하는 데 가장 보편적으로 이용되고 있는 욕구 단계 이론으로 에이브러햄 매슬로가 1943년에 발표한 논문 "인간 동기의 이론"에서 주장한 것으로 인간의 동기가 작용하는 양상을 설명하기 위해 동기를 생리적 욕구, 안전욕구, 애정과 소속의 욕구, 존중 욕구, 그리고 자아 실현 욕구의 5단계로 구분했으며, 욕구 피라미드의 하단부에 위치한 욕구가 충족되어야 상위 계층의 욕구에 대한 열망을 가지게 된다고 주장하였다.

커진다. 동기부여 이론의 측면에서 보면, 변화과정에서 결여된 요소를 보상하기 위해서는 전체상황에 대한 신뢰와 목표달성이 개인에게는 결정적인 역할을 한다는 것을 의미한다. 강한 리더십은 신뢰를 통해 동기부여를 창출할 수 있도록 하면서 개인이 '잠재력을 발휘할 수 있는 자세'를 취할 수 있도록 도와야 한다. 이것이 변화 프로세스를 위한 팀의 구성이나 리더십의 중요성이 재차 강조되는 이유이다(13).

6.3 기업의 핵심 프로세스로서의 지속적인 변신

변화 프로세스는 안정된 시기, 즉 회사가 순조롭게 운영되는 시기에 시작되어야 한다(그림 54). 이 경우 자본, 노동력과 같은 에너지를 활용할 수 있다. 그러나 대부분의 경우, 이러한 이니셔티브는 너무 늦게 시작되고, 위기가 발생한 시기에는 변화에 필수적인 에너지를 활용하기 힘들다(그림 54 '쇼크'). 이러한 경우에 기업은 단지 소극적인 대응만 할 수 있고, 방향결정은 "바로 보이는 것"에 의해 단기적으로 이루어진다. 이러한 상황에서 전략적 방향을 바꾸기 위해서는 엄청난 양의 에너지를 필요로 한다.

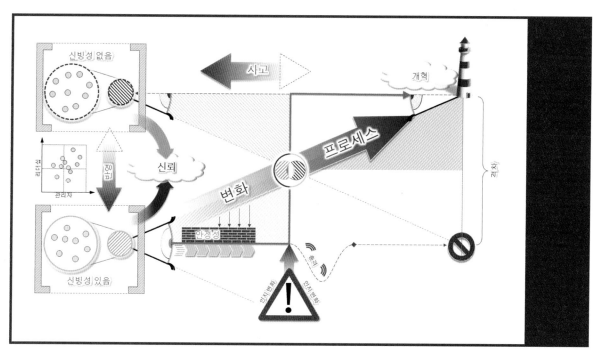

그림 54: 성공적인 혁신적 변신 프로세스에 영향을 미치는 요인들   출처: 저자 제공

**변신은 변화를 요구하고 변화는 방향의 변화를 필요로 한다.
그리고 방향의 변화를 위해서는 에너지의 투입이 필요하다.**

여기서 에너지라는 용어는 의도적으로 모호한 의미를 지니게 한다. 에너지는 개인적인 책임, 끈기, 자본, 시장에서의 여론형성, 신념을 갖고 변신 프로세스를 시작하는 능력 등을 포괄적으로 지칭하는 용어이다. 하나의 조직이 환경 내에서 광범위한 변화에 직면하면, 미래의 지속가능성을 위태롭게 할 수 있다. 예상치 못한 상황에서 변화가 일어나면, 시간이 중요한 자원이 된다. 기업은 단기적으로 반응할 수밖에 없는 상태가 되고, 전략적인 방향설정을 위해 필요한 시간이 부족하며 새로운 노하우를 개발하기 위한 가능성도 없어, 벌어진 격차를 메우는 것은 단기적으로는 불가능해 보인다. 그림 54의 아래 경로는 이러한 상황을 시각화한 것이다. 기업이 오래 지체할수록 격차는 더 커지고 미래를 위한 대응노력도 더 증가한다.

기업이 이전의 강점에 안주하여 변화를 시도하지 않으면 새로운 업계논리에서 무력해질 위험에 처한다(그림 54의 직선적인 진행과 등대 사이의 격차 참조). 성공적으로 미래를 대비하기 위해서는 변화를 경영 프로세스의 지속적인 부분으로 규정해야 한다(그림 54 '변화 프로세스'). 그래야만 변화의 초기단계에서 진로이탈을 발견하고 상대적으로 적은 노력으로 격차를 해결할 수 있다. 이 경우 기업은 변화를 준비하고 새로운 방향에 대한 전 임직원의 신뢰를 두텁게 하기 위해 충분한 시간을 가질 수 있다. 관련된 다음 사례들을 기억해야 할 것이다.

■ 휴대전화의 선도적 생산자인 노키아(Nokia)는 스마트폰의 개발에서 실패했다.

■ 유럽의 선도적 통신판매기업 크벨레(Quelle)는 전자상거래의 발전으로 인해 무너졌다.

■ 사진 업계에서 필름재료의 선도적 제조업체였던 코닥(Kodak)은 디지털화시기에 성공을 지속할 수 없었다.

■ 세계적인 호텔체인들은 새로 형성된 인터넷 플랫폼에 의해 도전받고 있다.

150 혁신의 비논리

- 택시회사의 기존 비즈니스 모델은 우버(Uber)의 출현으로 압박받고 있다.

- 은행의 핵심 사업은 저금리와 네트워크 기반의 지불 플랫폼에 의해 공격받고 있다.

모든 산업에서 비즈니스 모델의 혁신이 점차 중요해지고 있다. 이러한 흐름 속에서 미래의 지속가능성은 새로운 강점을 개발하기 위해 초기에 포괄적이고 다양한 분야가 관련된 다학제적인 방향을 필요로 한다(그림 55 개발터널 입구의 다양하고 특정한 관점). 여기서 기업은 등대를 통해 미래를 예측해야 한다. 그러나 그것만으로는 부족하다. 더 나아가 현재의 노하우와 미래의 노와이 간의 격차(델타)를 제거하기 위해 등대상을 현재에 투영해야 한다. 새로운 공통의 핵심이 생성되어야 한다. 이러한 과정을 거쳐 운영탁월성을 주장하는 동료들과 혁신리더십을 주장하는 개발팀 간의 정보격차를 해소할 수 있고 (그림 52) 공통의 이해가 조성된다. 조직이 낡은 사고패턴에 빠지게 되는 것을 방지하기 위해서는 미래로 가는 길은 미래로부터 시작해서 거꾸로, 즉 역으로 구성해야 한다. 이러한 과정에서 요구되는 핵심역량은 리더십과 관리역량의 상호작용이며, 이렇게 해야만 혁신적 변신 문화가 형성된다.

경로 종속성은 미래의 지속가능성을 방해한다(14).

기존 비즈니스 모델 옹호자들에게는 새로운 코스가 성공으로부터의 이탈처럼 보인다. 새로운 코스를 미래의 성공경로라고 전달하는 것은 쉬운 일이 아니다. 이를 위해서는 더 강렬한 미래상을 공유하는 것이 필수적이다.

현재로부터 다음 단계로 가기 위해 시도하는 변화의 노력은 현 단계에서 업계 논리로 확립된 전문가 지식에 의해 차단된다. 전문가에 의한 경험적 지식이 특정 개발경로는 성공을 보장할 수 없다는 근거를 제시하기 때문이다. '미래로부터 역으로'라는 사고방식만이 단지 새로운 표준을 사용하여 개발을 평가할 수 있다. 역순으로, 즉 거꾸로 생각하는 이 새로운 질서는 경험적 지식과 그에 따른 경험의 장벽으로부터 해방시켜 주며, 믿기 어려워 보이는 생각이 허용되고, 그 생각이 계속될 수 있도록 도와준다.

노와이에 대한 질문을 제기하면서 지속가능성을 향한 노력을 시작하는 것이 효과적이다. 근본적 이상성(radical ideality)에 기반해서 논의는 미래로부터 역으로 수행되어야 한다. 이러한 방식으로 기존 경로종속성에서 벗어난 전체 비즈니스 모델의 단기적, 중기적 그리고 장기적 시간영역을 구성하는 것이 가능하다. 이렇게 함으로써 처음에는 가능성이 많지 않을 것으로 보이던 접근법은 새로운 전략적 관련성을 유발시킬 수 있다.

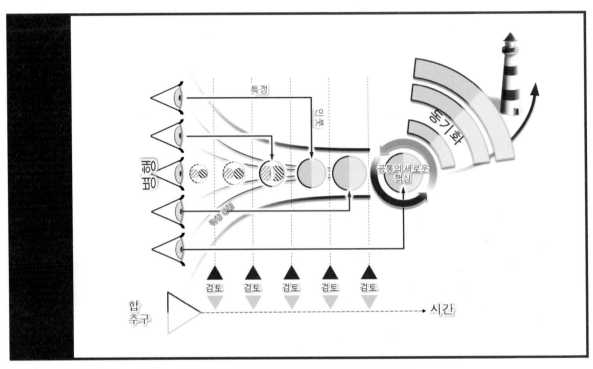

그림 55: 변신 성공을 보장하는 다양한 학제 분야를 포함한 혁신적 변신 프로세스
출처: 저자 제공(Cooper 2011: 101 참조)

6.4 바이킹의 혁신 성공사례

1993년 바이킹(VIKING)[9]은 핵심사업인 잔디 깎는 기계 사업이 미래에는 어떻게 될지? 핵심사업의 미래에 관한 문제를 제기했다. '과제−부여−탐색−솔루션' 논리의 원칙에 근거하면, 만족스러운 답변이 도출될 수 있는가? 추구하는 결과 또는 필연적 결과가 다시 잔디 깎는 기계인가? 어떤 미약한 신호들이 미래 잠재력을 위한 강한 방향성을 제시하는가?

9　역자 주: 2019년부터 VIKING 제품들은 STIHL brand로 독점 판매되고 있음.

그 당시 기존의 잔디 깎는 기계에 대한 매력적인 접근방식들이 이미 있었음에도 불구하고 바이킹은 기존 사업을 뛰어넘는 솔루션으로 논쟁을 제기하고 확실성을 예측하는 것에 관심이 있었다. 점점 더 역동적으로 변화하는 시장에서의 경쟁력을 위한 모토는 다음과 같다: '미래로부터 거꾸로 전개!' 그러므로 그 당시 바이킹의 노력은 분명히 미래의 두 세대를 뛰어넘는 방향을 확립하는 것이었다. 성공적인 개발 프로젝트는 처음에는 경쟁력과 관련된 기본적인 질문을 제기한다. '모든 주어진 작업은 옳다. 문제는 얼마나 옳은가? 얼마나 정확한가?'라는 팀의 태도는 중요한 가능성, 잠재력을 간과하지 않도록 도와준다. 깊이 뿌리내린 전문지식이 업계와는 다른 방식의 성공패턴과 결합되면 새로운 노와이를 향한 방향이 생긴다. **바이킹에서는 미래의 고객요구를 충족시킬 수 있는 서비스를 찾기 위한 새로운 방향설정이 중요했다. 고객은 아직 요구사항을 정의할 수 없는 단계였기 때문이다.** 여기서 중요한 질문은 항상 '*고객은 미래에 무엇을 원하게 될까?*' 바이킹의 경우에는 더 이상 잔디 깎는 기계가 필요하지 않은 미래일 수도 있다는 것이다.

필요한 방향은 어디에서 찾을 수 있는가? 여기서 요구되는 방향은 근본적으로 이상적인 미래상의 정의로부터 도출될 수 있다. 바이킹에게는 잔디를 깎는 작업을 수행하는 행위 자체가 방향이 아니었다. '잔디 깎기' 기능의 추상적 개념이 적정한 거리를 두고 보면 새로이 해석될 수 있었고, 그것은 생활환경을 더욱 매력적으로 만들기 위해 바이킹이 무엇을 할 수 있는가의 문제로 전환되었다. 인간의 행복지수 상승에 새로이 초점이 맞춰져야 했고, 보다 적은 비용과 노력으로 이러한 이익을 구현하는 방식이 중요해졌다. 즉, 다음과 같은 역설을 해결하는 것이 과제가 되었다. 매력적인 환경을 만드는 동시에 유지 관리 비용을 감소시키려면 어떻게 해야 하는가(그림 56 참조)? 전략적 방향 패턴에 따르면, '자체조직화(self-organization)'가 요구된다. 만약에 향후 스스로 성장을 제어할 수 있는 잔디품종을 이용할 수 있다면, 이는 잔디 깎는 기계의 시장잠재력을 상당히 위협하게 될 것이다. 최적화된 잔디 깎는 기계 '만'으로는 장기적인 지속가능성을 보장할 수 없다. 과거의 산업 내 변혁은 종종 새롭게 시장에 진입한 기업들이 시장주도권을 획득하기 위해 이러한 기회를 잡았다는 것을 입증한다. 자원과 자본이 결합되지 않으면 새로운 길을 가는 것이 더 수월하다. 혁신 탁월성은 양면으로 전개된다. 핵심 비즈니스를 새로운 수요 세계로 경쟁력 있게 전환시키는 것과 원래의 정체성을 강화하는 것이다. 근본적인 이상성과의 대립은 일반적으로 이런 식으로 보지 못했던 관점 속에서 발생하는 초기의 양상이다.

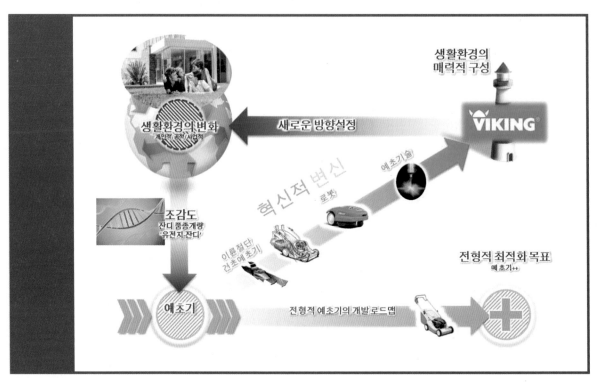

그림 56: WOIS 바이킹 개발프로젝트   출처: 저자 제공, 사진출처: gmastr, Rost-gD, scanrail(모두 iStock 사이트)

바이킹은 어떠한 기회영역을 개척할 수 있었는가? 바이킹 DNA의 핵심요소는 잔디관리에 있었다. 그러므로 유전자 변형 종자의 개발은 전략적 관점이 아니었다. 오히려 등대의 인식은 새로운 전략적 질문으로 이어졌다. 잔디밭에서 성장속도를 조절할 수 있는 유지보수에는 어떤 것이 있는가? 바이킹이라는 브랜드는 정원을 위한 고품질의 장비와 함께 매력적인 생활환경을 설계하기 위한 최고의 성능을 약속한다. 개량품종 잔디가 매우 느리게 성장하는 경우에도 바이킹의 혁신적 변신은 장기적으로 보다 매력적인 생활환경을 제공하는 커팅 및 관리기술을 목표로 하고 있다. **기계적 원리에서 소재분야 기술로의 전환을 유도하는 법칙성은 방향 설정에 큰 도움이 된다.** 중기적으로는 iMow 로봇 잔디 깎기를 개발함으로써 정원애호가라는 기존 고객층 확대라는 과제를 해결했다(그림 56 바이킹의 혁신적 변신 참조). 이 경우 '도구의 활용으로부터 자동화로'의 법칙성이 트렌드를 설정했다. 단기적으로는 9개월 이내에 모듈화 및 '전체기능의 체계적 분할'의 법칙성을 구현한 멀티 잔디 깎는 기계(Multi-Mower)™로 사업부문의 매출을 급증시킬 수 있었다. 또한 이로 인해 프리미엄 제품군에서의 시장인지도도 지속적으로 높아졌다. 혁신적 변신의 결과는 특이한 제품의 집적이 아니라, 미래를 위한 포괄적이고 조정된 로드맵을 나타낸다. 이 프로세스를 통해 바이킹에서 전략적으로 중요한 모든 측면들이 체계적으로 동기화되었다.

혁신의 비논리
Die Unlogik der Innovation

오늘날의 역동적인 변화에 보조를 맞추기 위해서는 일시적으로 조직된 변신 프로세스는 더 이상 충분하지 않다. 지속적인 변신, 혁신적 변신이 기업의 핵심 프로세스가 되어야 한다.

과거에는 새로운 가능성, 잠재력을 찾기 위해 가끔 새로운 비즈니스 모델에 대한 문제를 제기하는 것만으로도 충분했다. 새로운 비즈니스 모델에 대한 문제를 제기한 후, 몇 년 후에 이러한 것들은 경험과 지속적인 개선을 바탕으로 모두 해결되었다. 새로운 비즈니스 모델에 대한 근본적 문제 제기는 기존 비즈니스에 의한 이윤창출을 불필요하게 방해했을 뿐이다. 신모델 개발과 이윤창출이라는 두 경영방식이 과거에는 순차적으로 이용되었다. 제품수명주기가 짧은 산업은 이미 여러 비즈니스 모델을 병렬로 사용하고 있다. 극단적으로 보면 두 모델은 다음과 같은 기회와 위험을 초래한다. 운영효율성(이윤창출)은 수익성과 함께 투자능력을 제고한다. 그러나 경쟁기반이 바뀌면 이윤창출이 미래의 지속가능성을 보장하기에는 충분하지 않다. 혁신리더십(개발)은 독보적인 위치를 만든다. 개발된 모델은 보통 중·장기적으로 구현될 수 있다. 운영효율성이 없다면, 새로운 개발에 의한 자금회수까지의 시간 간격을 메우기 위해 필요한 자금조달을 어떻게 할 것인가의 문제가 발생할 수 있다. 향후 기업의 도전과제는 경로종속성의 극복과 함께 두 방식에서 얻는 기회를 통합하는 데 있다(그림 57 참조). 그러나 지금까지 이러한 균형을 이룬 기업은 거의 없다(사례의 약 2%만 성공)(15). 혁신적 변신은 혁신리더십의 미래지향적 강점과 운영효율성 향상을 위한 광범위한 메커니즘을 결합시키는 역할을 한다.

미래로 가는 길에 관여하는 모든 사람들에게 투명성을 제공할 수 있다면 혁신적 변신은 성공할 수 있다. 이를 위해서는 모든 참여자들의 주장을 공통의 미래상으로 통합, 수렴해야만 한다. 성공적인 변신을 위해서는 비즈니스 모델의 전체 가치창출 사슬을 따라 연관된 지식네트워크의 구축이 필요하다. 즉, 하나의 통일된 공통된 이해기반을 필요로 한다. 이 과정에서 새로운 노와이가 전달되어 핵심적인 커뮤니케이션 요소가 됨으로써 임직원의 결속력을 강화시킬 수 있다. 이렇게 함으로써, 수직적, 수평적 커뮤니케이션 사슬 전체를 설득해야 하는 상황을 피할 수 있다. 투명성은 새로운 미래에 대한 논의를 시작하기 위한 필수요소다. 그러나 그와 동시에 개인적인 약점을 드러내기 때문에 투명성에 대한 두려움도 존재한다. 따라서, 변화와 혁신에 대한 의지를 바탕으로 한 기업문화가 필요하다.

환경의 변화와 기존 비즈니스 모델의 성공패턴 사이의 전략적 격차를 해소하기 위해서는 새로운 종류의 노와이에 대조를 이루는 노하우를 필요로 한다. **노와이는 미래 환경의 중요한 변화에 대한 인식이며, 따라서 우리**

가 변화를 필요로 하는 근거이다. 합을 이루기 위해서는 현재 운영 전문지식과 미래의 요구사항 간의 격차를 해소해야 한다. 따라서 목표는 **기업의 사고를 새로운 초첨에 맞추는 것이다.** 이렇게 함으로써, 의사결정 기준점을 미래로 이동시켜 기업혁신을 지속적이고 성공적으로 구현할 수 있다. 아울러 여기서는 시간이 지남에 따라 개별 활동들의 종속성과 상호작용을 투명하게 표현해야 한다.

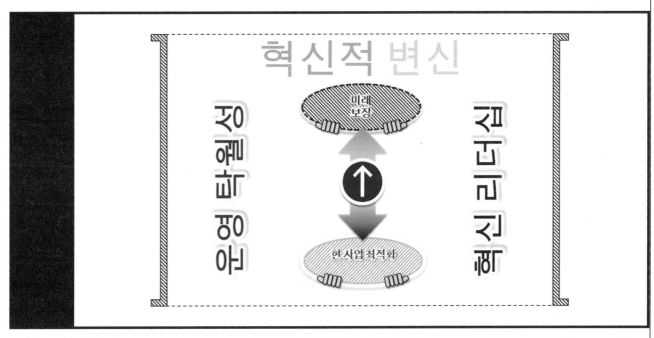

그림 57: 혁신적 변신

출처: 저자 제공

모순지향적 혁신전략(WOIS)의 핵심요소

07

7. 모순지향적 혁신전략(WOIS)의 핵심요소

7.1 업계 변화에서의 도전과제

자동화는 수십 년의 역사를 가지고 있다. 1940년대 컴퓨터의 발전과 함께 그 첫걸음을 내디딘 이래 1967년에는 계산기가 개발되었다. 개인용 컴퓨터를 통해 1970년대에는 모든 사람들에게 이 기술이 보급되었다. 1970년대 이래로 '규모의 경제' 효과와 결합된 무어의 법칙 덕분에 성능이 크게 향상된 부품을 거의 가격 변동 없이 지속적으로 제공하고 동시에 기본 기능을 갖춘 부품을 최저 비용으로 공급할 수 있게 되었다. 이로 인해 지능형 시스템을 저렴한 비용으로 제공할 수 있는 가능성이 마련되었다.

증가하는 네트워킹은 지난 수년간 수많은 비선형적 발전의 촉매가 되었으며, 오늘날 이 현상은 디지털화라는 개념으로 집약된다. 디지털 혁명이라는 개념은 20세기에 시작된 이래 기술뿐만 아니라 삶의 모든 영역에 근본적인 변화를 일으킨 디지털 및 네트워크 기술로 인해 촉발된 대변혁을 지칭하는 용어이다. 산업혁명의 변화에 버금가는 변화가 예상된다. 기술적 대변혁에 발맞춰 Society 4.0으로 나아가는

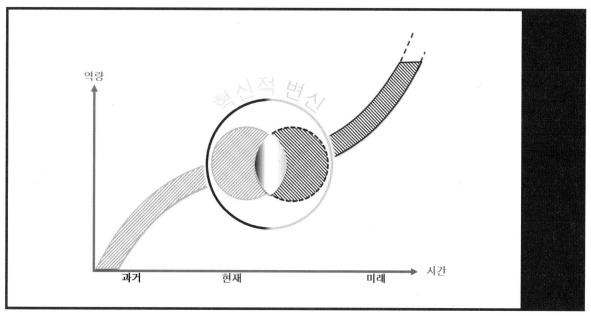

그림 58: 혁신적 변신 – 성공적인 변신

출처: 저자 제공

변화도 감지되고 있다(1). 디지털화를 통해 종래의 노동집약적인 프로세스들이 자동화되고 있고, 자유로워진 노동력은 다른 도전과제를 수행할 수 있다. 산업화 과정에서도 비슷한 발전양상이 확인될 수 있었다. 농업의 산업화로 인해 식량을 확보하는 데 필요한 인력이 감소되자 잉여 노동력은 새로 생겨나는 산업에 종사할 수 있게 되었다.

특히, '전통적인 사업모델'이 새로운 시대의 법칙이 적용되는 시스템과 부딪히는 곳에서 근본적인 효과가 두드러진다. 수년에 걸쳐 자동차 산업은 상당한 가격 인상을 통해 통합 네비게이션 시스템을 판매하는 데 성공했다. 그러나 초기부터 고객들은 이 시스템이 불과 몇 년 후면 최신 모바일 내비게이션 장치의 성능을 따라가지 못할 것이라고 불평했다. 이제 자동차산업은 두 가지 측면에서 압박을 받고 있다. 한편에서는 스마트폰 사업자와 고객들이 스마트폰 인터페이스를 최신 차량의 사용자 인터페이스에 1대 1로 통합할 것을 요구하고 있다. 다른 한편으로는 새로운 고급 차량에 대한 펌웨어 및 소프트웨어 업데이트가 요구된다. 두 가지 개발 모두 자동차 제조업체의 전통적인 개발주기나 '옵션 리스트 판매모델'에는 부합하지 않는다. 네비게이션 시스템이 값비싼 옵션 리스트인 전통적인 모델은 적어도 최신 스마트폰의 인터페이스 통합을 통해 상당 부분 약화된다.

자동화는 많은 국가에서 산업화 속도를 감소시켰다. 그러나 4차 산업혁명은 '산업적 백엔드'를 필요로한다. 이와 관련하여 유럽 내 독일은 자동화 시대에도 여전히 산업화 속도를 유지해 왔기 때문에, 미국(및 영국)에 비해 유리한 위치를 점하고 있다(2).

또한 디지털화는 사무기기 제조업 분야 전체에 혁명을 일으켰다. 올림피아와 같은 전통적인 기계 브랜드는 그 중요성을 상실했다. HP나 델과 같은 '디지털 브랜드'가 새로 생겨났기 때문이다. 그러나 디지털 혁명은 이제 막 시작되었다. 올림피아의 사업 영역이 디지털화에 의해 서서히 변모한 것처럼 HP와 델은 지속적으로 혁신을 이루었고, 수십 년이 지난 지금 HP와 델은 한때 올림피아가 그랬던 것과 거의 같은 상황에 처해 있다. 우리 경제의 판도는 다가올 10년 동안 근본적으로 변화할 것이다. 이러한 상황에서 많은 산업들이 디지털화의 영향에 직면할 가능성이 매우 높다. 아직 그 영향은 오늘날 대부분의 조직에서 확실하게 눈에 띄지는 않고 있다. 따라서 대부분의 기업들은 향후 몇 년 내에 성공적으로 자신들을 재창조하거나 그렇지 않으면 막대한 손실을 맛보게 되는 위험에 처해 있다.

산업화가 시작되면서 비즈니스 모델은 수 세대의 수명주기를 지녔었다(3). 그러나 오늘날 이미 디지털화의 도전과제를 성공적으로 풀어가고 있는 기업들은 일찍이 여러 가지 비즈니스 모델을 병행하여 사용하고 있다. 이 상황은 새로운 것이다. "미래의 경쟁은 더 이상 제품 수준이 아니라 비즈니스 모델 수준에서 진행될 것이다(4)."

따라서 모든 미래 설계자들은 점점 더 역동적인 환경에서 그들이 지향해야 할 새로운 관점에 대한 방향성을 확보하기 위한 도전과제를 안고 있다.

새로운 관점은 중요하다. 왜냐하면 모든 공급업체들이 이미 구축되어 있는 기존 환경에 맞는 새로운 종류의 솔루션을 설계해야 하는 피할 수 없는 공통의 필요성이 있기 때문이다. 이러한 파괴적인 형태의 공급은 전체 산업의 경쟁구조에 혁명을 일으킨다(그림 59의 파란색 곡선). 아울러 이를 통해 경쟁자들은 점점 더 이질적이면서 겉으로는 더 멀리 떨어진 다른 분야에서 나타난다는 사실을 알 수 있다.

■ 모바일 대 은행(Cellular vs. Banks)

■ 자동차 대 구글/애플(Automobile vs. Google/Apple)

■ 필기구 대 태블릿(Writing utensils vs. tablet)

기업이 특정 콘텐츠에 차별화가 있음에도 불구하고 계속해서 동일한 장벽을 극복해야 하는 것은 필수적이다. 기업의 핵심자원을 '믿을 수 없고 비논리적인 것'에 집중해야만 한다(그림 59). 이러한 새로운 비즈니스 모델에 대한 포커스는 오늘날의 평가기준에 따라 오늘날의 관점에서 볼 때는 비논리적인 것으로 보일 수 있다. 새로운 접근법은 오늘날의 논리와는 모순된다. 왜냐하면 새로운 접근법은 오늘날의 기준에서 볼 때 다소 비능률적으로 보이기 때문에, 즉 성능이 좋지 않은 것처럼 보이기 때문이다. 그러나 바로 이 비논리적으로 보이는 방향이 새로운 평가 기준에 따르면 기존 비즈니스 모델에 비해 기하급수적인 업무능력의 잠재력을 지니고 있다.

연구 결과에 따르면 기업들은 지속발전의 일환으로 급진적인 개념보다는 점진적인 개념에 의존한다(5). 이들은 기존 비즈니스 모델의 개발 잠재력을 극대화하려고 한다(그림 59의 노란색 그래프). 급진적인 아이디어는 업계의 논리를 넘어서기 때문에, 현재 표준적인 프로젝트 관리의 일환으로 추진하는 것이 거의 불가능하다. 따라서 전통적 혁신경영을 넘어서는 절차 및 사고방식이 요구된다. 관리자와 주주는

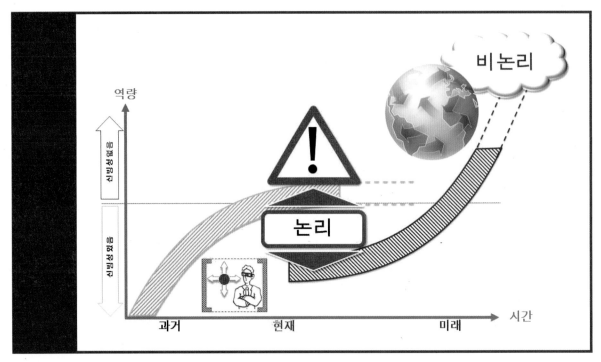

그림 59: 혁신적 변신은 기존의 업계 논리에 도전한다.   출처: 저자 제공

종래의 업계에서 일반적이지 않은 방식에 따라 결정해야 하는 문제에 직면하게 되는데, 이는 그들이 업계의 논리에서 탈피해 자신의 성공패턴을 미래의 것으로 전환해야 한다는 것을 의미한다. 여기서 중요한 것은 종래의 최적화 기준의 중요성에 대해 체계적으로 의문시하는 것이다(그림 60의 논리 장벽).

이 논의를 시작하기 위해서는 무엇보다 기업문화가 핵심적인 역할을 한다. 변화는 고립된 채 진행되어서는 안 되고, 조직의 일정 다수에 의해 지지되어야 하며, 모든 조직영역의 참여하에 진행되어야 한다. 지속가능한 변화 의지는 개인의 사고방식이나 사업 개발 부서에 배타적으로 자리 잡아서는 안 된다. 그렇다면 미래는 어떻게 지속가능하도록 형성될 수 있는가?

미래를 디자인하는 것은 오늘로부터 미래로의 전환을 효율적이고 효과적으로 형성할 수 있는 혁신적 변신 프로세스를 구성할 것을 요구한다(그림 60). 이것이 기업 DNA의 핵심 프로세스가 되어야 한다.

자연은 진화의 성공코드를 변형하고 프로그래밍 하는 데 많은 시간이 걸릴 수 있다. 그러나 다윈에 따르면 '돌연변이' 원리와 자연선택설('적자생존')은 함께 경쟁 문제에 적용될 수 없다. 혁신가들은 변화

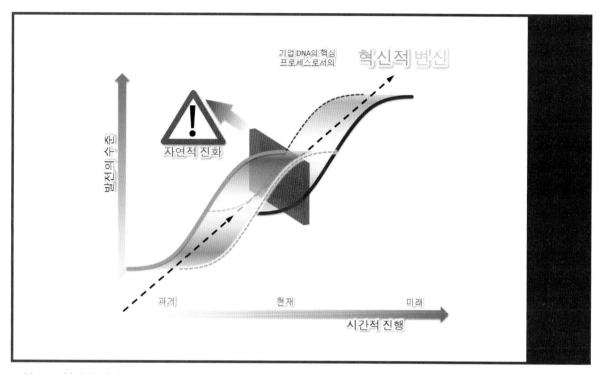

그림 60: 혁신적 변신 – Krealytics을 통해 새로운 차원의 자유를 창출하기 위한 미래지향적 프로세스
출처: 저자 제공

를 보다 빠르고 집중적이며 경제적으로 성공하게끔 조직화해야 한다. 현대의 경쟁은 실수를 용납하지 않는다. 혁신적 변신의 주요 성공 패턴은 미래의 지속가능성 설계를 위한 조직의 핵심 질문과 연계해 논의할 수 있다.

모순지향적 혁신전략인 WOIS의 개발이 아래의 네 가지 핵심요소들을 기반으로 하고 있는 이유가 바로 여기에 있다(그림 61).

■ 철학(Philosophy)은 추론 및 예측정보에 대한 신뢰성을 제공한다. 그것은 오늘날의 논리에 의문을 제기하기 위한 방향성 지향을 이끈다.

■ 문화(Culture)는 학제, 학문 간 토론을 지원한다. 서로 반대되는 관점들을 통합하려는 노력을 통해 변화의지의 동력이 되는 신뢰가 싹튼다. 이것은 지금까지 고립된 분야에서 나오는 미약한 신호로부터 강력한 미래의 비전을 발전시키기 위한 토대를 형성한다.

■ 전략(Strategy)은 특히, 현재 운영 중인 사업을 소홀히 하지 않으면서, 미래에 관한 도전과제에 필요한 자원을 집중시킴으로써 전통을 유지하는 개혁, 즉 혁신적 변신을 위한 토대를 마련한다.

■ 프로세스(Process)는 더 높은 단계로의 발전이라는 혁신적 지름길을 체계화하고 구조화한다. 이를 위한 기초는 창조적 자유와 분석의 정확성을 결합하여 합으로 이끄는 것이다.

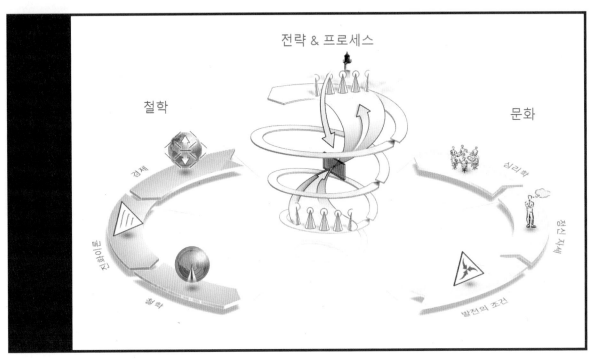

그림 61: WOIS - 모순지향적인 혁신전략   출처: 저자 제공

7.2 방향을 어떻게 설정할 것인가? 혁신철학을 통해

오늘날 세계의 발전은 점점 더 강화되는 네트워킹을 통해 불연속성과 복잡성이 증가하는 것이 특징이다. 특히 화폐, 재화, 그리고 정보 흐름과 급변하는 고객 요구는 더 이상 그 자체를 개별적이 아닌 시스템적 관점으로 봐야 한다. 상호작용은 일률적이지 않고 비선형적이다. 이러한 역동적 변화 때문에 기업은 필연적으로 비즈니스 활동과 비즈니스 모델을 지속적으로 조정해야만 한다.

이러한 능력을 구축하는 데 있어 근본적인 것은 지속적인 변화에 대한 의지를 기업문화의 핵심으로 만드는 것이다. 이러한 방식에 의해서만 미래지향적 프로세스들이 성공의 전망과 함께 반복적으로 시작될 수 있다. 기업의 개발 프로세스가 조직의 핵심 프로세스가 되어야 한다. 고전적인 톱다운 프로세스는 이미 낡은 것이 되었다. 성공적인 관점을 위해서는 오늘날의 각 산업의 경계를 넘어설 수 있는 깊은 전문지식과 광범위하고 포괄적인 방향을 위한 네트워킹이 필요하다. 변화 관리를 연구하는 학자들은 기본적인 변신 프로세스라는 틀 안에서 확고한 비전 및 커뮤니케이션의 중요성을 강조한다.

올림피아는 일찍이 미래지향적인 데이터 처리 기술의 발전에 힘을 기울였고, 당대를 앞서갔다. 그러나 이러한 올림피아에 대한 기대에도 불구하고 타자기 시장에서 누렸던 선구자적 지위와 비교하면 오늘날 컴퓨터 업계에서 올림피아는 아무런 역할을 하지 못하고 있다.

현재 상황을 알고 있는가? 미래를 위해 무엇을 지향하고 있는가?

오늘날 도전과제는 혼란스러운 초기 상황이 미래에 대한 관점을 모호하게 한다는 것이다. 추론과 예측의 불확실성 때문에 근본적인 방향결정이 이뤄지지 못할 가능성도 있다(그림 62). 그러나 조직의 지속가능성을 노하우만으로 충족시키던 시대는 지나갔다. 현재의 노하우와 방향 지표적 노와이의 결합이 점점 더 중요해지고 있다. 따라서, 고전적 구조의 스테이지 게이트 프로세스와 그에 선행하는 전략적 방향결정 프로세스 사이에 존재하는 전략적 격차를 메우는 것이 중요하다. 잠재력이 가장 큰 방향을 식별하기 위해서는 더 광범위한 방향탐색이 필요하다. 많은 기업에서는 혁신관리, 마케팅, R&D 조직을 갖췄음에도 불구하고, 기업 중심의 비즈니스 개발 프로세스를 설계하는 데 있어서 전략적 결핍이 있음을 보여준다. **세계의 복잡성과 현재 업계의 노하우에 의해 지탱되는 고전적 혁신관리 프로세스 사이에 존재하는 전략적 틈새를 메우는 것이 중요**하다.

혁신 관리자는 일반적으로 체계화된 프로세스 환경 틀 내에서 경계를 넓히는 것을 관리한다. 오늘날의 산업논리에 따라 모든 경쟁자들은 이러한 것들을 잠재적으로 수용한다. 기업 활동을 목적의식을 갖고 확장하려는 것, 즉 일반적으로 수용, 인정되는 한계를 넘어서는 요구를 허용하기 위해 활동을 특정 방식으로 확대하는 것은 미래에 기업이 성공할 수 있는 씨앗이 될 수 있다. '전략적 혁신 개발'을 설계하려면 일반적으로 기업의 기능만으로는 달성할 수 없는 전체 가치창출 나선형에 대한 포괄적인 관점이 필요하다. 이는 예컨대 트렌드와 그들 간의 상호관계, 관련된 기업들에게 미치는 영향 및 기회와 같은 글로벌 개발에 대한 지식을 필요로 한다. 구조화된 혁신개발 프로세스의 설계는 이를 위한 초석이 된다.

그림 62: 지속가능성을 위한 방향 탐색

출처: 저자 제공

방향 패턴들은 어떻게 만들어지는가? **도전과제 영역을 추상화함으로써 미래의 방향성을 찾기 위한 결정적인 단초로서의 미약한 신호들을 감지할 수 있는 확률을 높인다**(그림 63). 이를 통해 원래 제기되었던 핵심질문들과의 관련성을 상실하지 않으면서도 사고틀이 점진적으로 확장될 수 있다. 나아가 자극 영역은 추상적 수준에서 유사성 검색을 통해 체계적으로 확장되어야 한다. '개관'의 일반화된 구조화는 관련 측면들에 대한 통일된 이해를 가능하게 하며 또한, 분석의 계층화를 위한 구조적 관점을 제공한다.

미래지향적인 논쟁에서는 종종 과거를 바라보는 것이 등한시될 수 있다. 그러나 바로 이러한 과거 관점으로부터 가치 있는 통찰력이 창출될 여지가 있다. 세대분석은 시간의 흐름 속에서 어떤 접근법들이 역사적 장벽들과 대면되었는지를 보여준다. 이는 미래에 대한 제안과 전망을 가능하게 한다. 과거에는 시장이 성숙되지 않아서 시도되지 못했던 접근법들이 바로 현재나 미래의 관점에서는 거대한 잠재력을

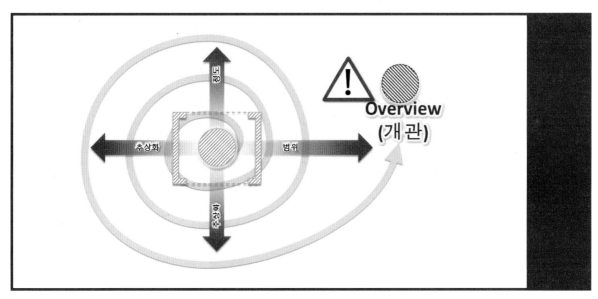

그림 63: 더 많은 방향을 통해 혁신의 나선모델 내에서 잠재력 식별하기 　　　　　　출처: 저자 제공

가질 수 있다. 과거의 성공작과 실패작은 새로운 조건하에 더 발전된 수준에서 다시 활용될 수 있다. 그럼에도 불구하고 미래에 대한 방향성을 도출하기에는 과거에 대한 성찰만으로는 부족하다. 이를 위해서는 기업환경에 대한 광범위한 전략적 분석이 이루어져야 한다.

그러나 포괄적인 방향을 추구하는 것이 인생의 과제가 되지 않도록 하려면 어떻게 해야 하나? 기업가 정신은 다음을 의미한다.

■ 불확실한 상황에서 기업가적 위험을 감수하면서 의사결정을 내리는 것이고,

■ 아무리 아직 모든 정보들이 최종적으로 주어지지 않았다고 하더라도 의식적으로 결정을 내리는 것이다. 100% 투명성을 추구하면 다른 경쟁 업체들이 이미 결정하였거나, 초기 상황이 다시 변경될 때까지 의사결정이 지연되기 때문이다.

■ 또한 명확한 구조를 기반으로 데이터를 분석하고 틈새를 식별하는 것이며,

■ 전략적인 방향을 통해 관련 정보들에 대한 분명한 지표들을 창조해 내는 것이다.

모든 학문들 가운데 가장 오래된 철학이 이에 필요한 작업들을 구조화시킬 수 있는 지침을 제공해 줄 수 있다(그림 64). 철학은 자연, 사상, 그리고 사회의 공동 진화와 관련된 가르침으로 이해될 수 있다. 이러한 기본적인 시각으로부터 모순지향적 혁신전략의 일환으로, 포괄적이고 구조화된 시각을 통해 복잡한 사안의 처리를 지원하는 모델들을 도출하였다. 이런 식으로, 중요한 장벽들과 발전방향을 식별하여, 그 이상의 잠재력을 체계적으로 발굴할 수 있다.

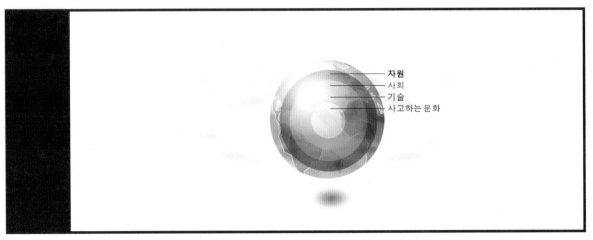

자원
사회
기술
사고하는 문화

그림 64: 철학적 기본개념들로부터 도출된 광범위하게 구조화된 혁신 기둥 　　　　　　　　출처: 저자 제공

철학적 기본개념들로부터 도출된 사실들, 트렌드 그리고 한계들은 나선형 혁신을 따라 개발모순의 형태로 나타날 수 있다(그림 65 '델타'). 철학적 기본개념들에 의거한 구조화를 통해 계속해서 반복되는 구조를 취하는 복잡한 종속관계들을 논의할 수 있게 된다. 이때 이러한 구조는 전체적 시각을 잃어버리지 않으면서도 개별적인 시각들이 각각 그 자체로 고찰될 수 있도록 한다. 동시에 구조화 과정을 통해 상호 종속관계에 대한 분석 가능성 역시 존재하게 된다. 다섯 가지 혁신 관점에 철학적 기본개념을 확장하여 적용하면 기업과의 직접적인 관련성이 나타날 수 있다. 비즈니스 혁신 기둥들은 기업의 가치사슬을 광범위하게 특징짓고, 그것을 분석할 수 있는 능력을 창출한다. 가장 큰 도전과제들은 자원, 조직, 서비스, 시장 및 가치창출 모델 내에서 최상위 시스템, 법, 트렌드 상에 대한 방향을 통해 개발된다(그림 65의 다섯 가지 혁신기둥). 이러한 과정은 전략적 분석과 비즈니스 모델의 관점이 결합되어 새로운 비즈니스 모델 잠재력을 바로 발견할 수 있도록 한다.

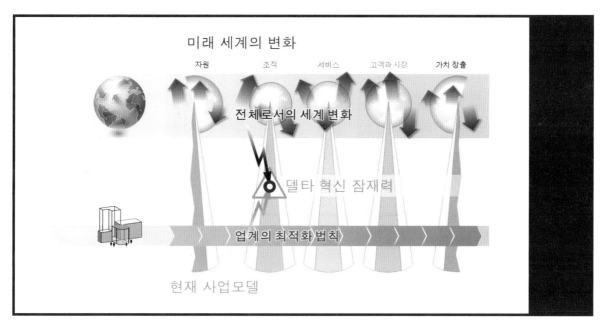

그림 65: 광범위한 혁신기둥 분석에서의 사실, 트렌드 그리고 한계   출처: 저자 제공

종합적인 관점에서 자신의 회사에 대한 중요한 통찰력을 도출하려면, 각 개별 논점들의 계층레벨을 파악하는 것이 매우 중요하다. 전략적 논의라는 맥락에서, 비즈니스 모델 관련 논점들은 논점의 정확도와 영향력을 고려하여 다뤄질 수 있다. 미약한 신호들은 더 불분명하게, 모호하게 공식화됨으로써 관련성이 없는 것처럼 인식되거나 간과된다. 그럼에도 불구하고 중장기적인 관점에서는 그 결과가 종종 근본적으로 중요한 것으로 나타나기도 한다. 혁신기둥의 계층적 레벨들은 어떤 논점들이 더 중요한지 시각적으로 보여준다(그림 65의 '현재 비즈니스 모델'과 '세계의 미래 변화'). 모든 계층 레벨에서 고객의 고객 그리고 경쟁사로 분석을 확대 하면 시장의 규모와 변화메커니즘에 대한 관찰범위가 체계적으로 열린다(그림 65 각 색 기둥들을 감싸고 있는 흰 원뿔 참조). 이러한 시각들은 원래 아무런 주의도 끌지 못했을 것이다.

이 다섯 가지 혁신기둥들은 한 도전 영역에서 사실, 트렌드 그리고 한계에 기반하여 종합적인 관점의 개발을 지원한다. **사실은** 시간적 흐름에 따라 관련 변경사항들을 고려하여 전략적 초점, 기술 및 산업계 논리를 갖춘 오늘날의 회사를 설명해 준다. **트렌드는** 미래에 기업의 발전을 이끌어 낼 수 있는 상위시스템 세계에서의 변화를 반영한다(9). 이때 사업에 날개를 달거나 그것을 위험에 빠뜨릴 수 있는 변화의 역학 – 어떤 트렌드들이 변화를 이끌고 있고, 변화를 일으킬 수 있는지 그 요인들과 그 요인들 간의 상호관계 등 – 에 그 초점이 있다. 사실상 트렌드는 중요하지 않다. 왜냐하면, 상위시스템 논점의 특성상 기본적으로 기업은 대체로 역동적인 상황 변화의 영향을 간접적으로만 받기 때문이다.

이 두 가지 시각을 서로 겹쳐놓고 보면, 오늘날 기업 및 업계의 현황 또는 현재 사고틀과 변화된 세계 사이에서 전개되는 발전과 논점의 틈새가 명백해진다(그림 65 델타, 혁신 잠재력). 이 틈새는 다섯 가지 혁신 기둥 가운데 어떤 관찰시각에서 시작되었는지와는 무관하게 오늘날 존재하는 업계논리를 혁신할 수 있는 잠재력을 가지고 있다. 장기적 관점에서 기업이 성공하기 위해서는 미래의 도전과제를 자신의 비즈니스 모델로 처리할 수 있어야 한다.

온라인 심화과정
급진적 비즈니스 모델에 대한 전략적 잠재력을 식별하는 방법과 성공적인 비즈니스 모델을 설계하고 구현할 수 있는 방법에 관해서는 다음을 참조.
www.wois-innovation.de/Geschaeftsmodell

결론: 치열한 경쟁 환경에서 체계적으로 감각을 유지하고 자신을 관철해 나가기 위해 기업들은 지속가능성을 향상시키기 위한 '차별화된 판매 가치제안(Unique Selling Points)'을 확보하고자 한다(그림 65 업계의 최적화 규칙). 목표는 넓은 시야로 혁신적인 도약을 이루는 것, 그리고 더 높은 단계로의 발전이라는 경쟁 마라톤에서 지속적으로 생존하는 것이다(그림 66). **모순지향적인 혁신전략(WOIS)에서는 고객에 대한 기업의 미래 가치를 나타내는 표지, 등대가 설정**된다. 이 등대는 현재 사업 영역이 미래의 잠재력을 지니고 있는지 아니면 오직 새로운 사업영역만이 기업의 생존을 보장해 줄 수 있는지 확인하는 데 기여한다. "최고의 연필깎이는 자기 자신의 기능을 충족시키면서도 더 이상 사람들이 그것을 필요로 하지 않는 연필깎이라고 할 수 있다. 샤프가 그런 것이다." 이때, 현 단계에서는 미약한 신호일 뿐일지라도 미래에는 강력한 효과를 발휘할 수 있는 요소들이 과소평가 되어서는 안 된다! 등대는 '근본적 이상성(radical ideality)'으로 이해될 수 있다. **혁신이 급진적 또는 근본적**인 이유는 의식적으로 현재의 한계역량을 넘어서는 것을 목표로 삼음으로써 기존 규칙들을 위반하기 때문이다. 동시에 기존 규칙에 대한 이러한 위반이 사회의 윤리와 가치가 조화를 이루는 방식으로 일어나야 하기 때문에 **혁신은 이상적**이기도 하다. 현재와 미래 사이에 존재하는 델타의 특징은 다섯 가지 혁신기둥마다 모순지향적인 방식으로 해결되어야 하는 목표들 간의 갈등 또는 충돌이라고 할 수 있다.

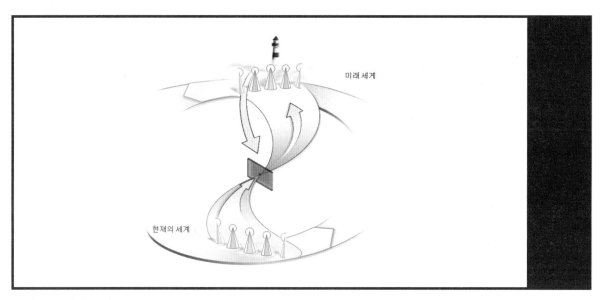

그림 66: 미래 그림   출처: 저자 제공

7.3 영감을 주는 방법은? 혁신문화를 통해

현대의 발전은 대개 비선형적 변화 프로세스를 따른다. 고객의 요구를 만족시킬 수 있기 위해서는 미래와 관련된 요구사항에 대한 지식이 필요하다. 이를 예상하려면 다른 사고방식이 필요하다. 실질적 잠재력을 분별하는 능력은 사고활동의 역전을 통해 보장된다. 장기적인 미래상의 관점에서 거꾸로 돌아와 논의함으로써 경험지식, 즉 오늘날의 논리에 따르면 다음 단계로 나아가는 것이 불가능해 보이는 그러한 지식에 의해 야기되는 표면적인 사고의 장벽으로부터 벗어날 수 있다.

올림피아는 당시 컴퓨터화라는 주도적인 트렌드를 인지하고 있었고, 이로부터 데이터 처리 영역에서 자체적으로 개발과제를 유도해 냈다. 여기서 '오메가' 장치가 탄생한 것이다.

내일의 성공패턴을 어떻게 일찌감치 인식할 수 있는가? 경쟁 규칙을 재정립하는 혁신은 과학적 연구의 결과로 수십 년 동안 규칙의 형태로 존재해 온 '더 높은 단계로의 발전의 패턴'을 따른다(10). 혁신은 기업의 모든 영역과 상호작용을 한다. 전문 분야들은 종종 대안적 관점을 채택하는 것을 어렵게 하는, 잘 정립된 사고 메커니즘의 특성을 지닌다. 미래지향적인 사고방식하에서 학제 간의 네트워킹은 사실에 근거한 전문가의 지식에 의문을 제기하고 이를 통해 기존의 성능 한계를 바꾸는 데 핵심역할을 한다. 체계적이고 의도적으로 혁신을 유도하는 공격적인 사고 기술을 필요로 한다.

이를 위한 기초는 **추상적 사고방식**이며, 이는 더 높은 단계로의 발전 패턴을 인식할 수 있게 하여 연상 공간을 체계적으로 확장하게 해 준다. 오늘날의 전문지식을 뛰어넘는 솔루션을 도출하려면 기존의 성능한계를 자극하고, 혁신적인 솔루션을 통해 새로운 기준을 정의해야 한다. 너무 일찌감치 '**최적화된 타협**'에 만족하지 않는 것이 중요하다. 일반적으로 혁신프로세스에서 영감을 얻기 위해 브레인스토밍과 같은 창의성 기술이 활용된다. 그러나 포괄적이고 체계적인 혁신적 관점을 개척하는 데 있어 이들만으로는 충분치 않다.

혁신에는 논리의 원칙을 뛰어넘어, 표면적으로 보았을 때 비논리적인 연결을 허락하는 형태의 사고를 필요로 한다. 동양철학(음양)과 고대 그리스 철학(대립물들의 통일과 대립)은 가시적으로는 모순적인 도전과제들의 합(Synthesis)을 의도적으로 지지한다. 구조화된 분석과 변증법적 합으로 나아가는 전략적 방향성의 수단을 결합하여 혁신프로세스를 자극하는 기반을 마련할 수 있다. '세계의 극성(polarity)과 통일성(unity)'이라는 변증법의 기본원칙에서 파생된, 나선형 혁신모델에서의 발전 모순들은 극복해야 할 장벽들을 설명한다(그림 66과 67). 혁신프로세스를 위해서는 오늘날의 일반적인 수단으로는 목표달

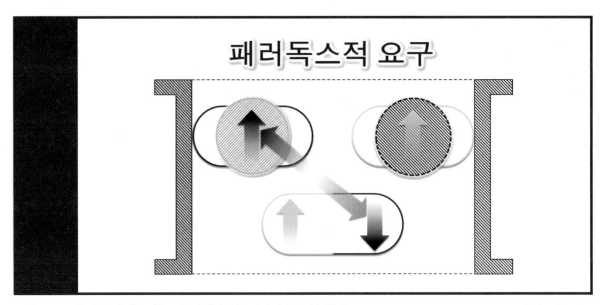

그림 67: 모순에서 패러독스적 도전과제에 이르기까지 사고의 확장

출처: 저자 제공

성이 불가능해 보일 정도로 그 기준을 체계적으로 높일 필요가 있다. 이러한 과정은 전통적인 사고틀을 벗어나야만 해결할 수 있는 사고의 장벽을 의도적으로 자극한다. 리더십변수를 이용하면, 솔루션 접근방식의 설계를 위해 극복되어야만 하는 논리적 관계가 가시화된다.

결론: 개발 모순들을 타깃팅해서 다루면 실질적으로 미래 방향에 기업의 자원을 집중시키는 데 도움이 될 수 있다. 모순지향적 혁신전략은 더 높은 단계로 가는 발전 프로세스의 핵심으로 모순모델을 체계적이고 실용적으로 사용할 수 있도록 한다. 이를 통해 혁신 장벽들을 민첩하게 해결하고 의도된 방식으로 혁신을 자극하고 유발할 수 있다. 진보적 발전을 지향하는 방향으로 방향을 설정하기 위해서는 변화를 일으킬 수 있는 기준 변수의 성장방향을 정의해야 하며, 이는 규칙을 깨는 역설적 질문을 정의하는 데 사용된다. 실질적인 목표를 위해서는 보통 다음과 같은 모토가 유효하다.

> **"선택할 수 있다면, 둘 다 취할 것"(11)**

변화를 일으킬 수 있는 기준 변수의 발전적인 개발 방향이 결정됨으로써 역설적 요구의 방향도 동시에 정의된다(그림 67의 목표와 기준 변수 사이의 이중 화살표). 지금까지 비논리적이고 역설적인 도전과제에 대한 해결책을 체계적으로 모색한 결과, 비논리(illogic)가 혁신의 논리라는 것을 알 수 있다.

7.4 변신은 어떻게 해야 하는가? 혁신프로세스를 통해

방법론적 접근은 일반적으로 문제제기에 대한 직접적인 해결을 촉진한다. 전문가들은 그들의 경험에 따라 대부분 다음과 같이 진행한다.

■ 주어진 상황 파악

■ 방법 탐색

■ 문제 해결

우리가 하나의 과제에 직면할 때, 우리는 일반적으로 현재 업계의 규칙 내에서 최선의 솔루션을 찾는 데 집중한다. 이 방법은 전문가적 사고틀을 벗어나는 것과는 정반대의 방법이다. 따라서 보다 큰 가능성을 열기 위해서는 새로운 문제를 제기해야 한다. 이렇게 하면 변화의 초기 확산 과정에서 새로운 과제를 찾는 것에 초점이 맞춰진다.

초기 개발 단계에서는 방향을 제시하는 노와이가 특정 노하우보다 더 중요하다.

그러나 오늘날의 혁신프로세스는 일반적으로 기존의 노하우를 기반으로 한다. 따라서 존재하는 사고틀 내에서 해결책을 구하게 된다. 혁신과제는 종종 경영진, 마케팅 및 사업개발부서에서 톱다운 방식으로 정의되고 개발부서에서 구현해야 한다. 그러나 과제 또는 문제가 전문가들에게서 필요한 노하우 없이 해결되는 경우가 많다. 반면에, 개발자들은 필요한 노와이 없이 미래를 개발해야 하는 경우도 있다. 이러한 것은 양측에 정보의 격차를 발생시키고, 이는 혁신프로세스의 진행 중에 정서적, 합리적인 장벽으로 이어지고, 반면에 혁신 잠재력은 체계적으로 개발되지 못하고 남아 있게 된다.

기업은 전통적인 접근방식으로는 전통적인 해결책밖에 구할 수 없다는 점을 알고 있다. 그러나 그러한 것의 근본적인 영향에 대한 인식은 거의 없다. 많은 이론서들이 아이디어가 끝없이 생성되어야만 한다는 불가피성을 기술하고 있다. 이는 '혁신깔때기'의 의미에서 수많은 아이디어들을 선택하기 위한 의도이고, 소위 전도유망한 아이디어들만을 시장에 내놓을 수 있도록 하기 위한 것이다. 혁신깔때기를 채우는 것을 지원하는 창의성 기술들은 매우 인기가 있다. 이러한 기술로부터 생겨나는 아이디어들은 사고과정의 자유로부터 나오는 것이나 또한 이러한 창의성 기술들은 방향성 없는 수많은 아이디어들을 양산할 가능성이 높다. 분리된 측면적 사고는 수많은 아이디어들을 만들어내고, 이렇게 만들어진 아이디어들은 상당한 노력을 들여 평가되고 우선순위에 따라 분류되어야 한다. 이와 같이 기업들은 수많은 아이디어들의 생성과 선별에 상당한 시간과 돈, 그리고 노동력을 빼앗긴다.

그러므로 변신과제에서는 다음과 같은 문제도 제기된다. **양적으로 솔루션을 생성하는 방식을 질적 솔루션을 생성하는 새로운 프로세스로 대체할 수 있는가?** 아이디어는 어떤 기준으로 평가될 수 있는가? 어떤 평가기준들이 사용될 수 있는가? 미래에 대한 비전을 공유하지 않는 한, 현재 기업의 핵심으로 인정되는 평가기준이 현재의 비즈니스 모델을 최적화할 수 있는 기준이다. 아이디어가 오늘날의 초점을 넘어서더라도, 오늘날의 성공기준을 반영하게 되면 체계적으로 '타협'하게 되고 기존방식을 최대한 활용하게 된다. 결과는 점진적 발전일 뿐이다. 우리에게 던져야만 하는 질문은 이렇다. 우리가 급진적, 근본적 혁신의 의미에서, 현재의 비즈니스 성공을 계속해서 최대한 스스로 위협할 수 있으려면 효과적인 혁신개발 프로세스는 어떠한 모습이 되어야 하는가? 하나의 새로운 논리가 미래의 고객 혜택을 증가시킨다면, 시장은 그 논리를 요구하게 될 것이다. 따라서 '**그 방식이 구현될 것인가?**'가 아닌 '**그 방식이 누구에 의해 언제 구현될 것인가?**'를 질문해야 한다.

결론: 혁신개발 프로세스를 위해서는 복잡하고 네트워크화된 세계와 기존의 구조화된 혁신관리 프로세스의 기회와 위협 사이의 전략적 격차를 반드시 해소해야 한다. 혁신적 변신은 구조화된 프로세스에서 창의성의 활동 공간을 창출하고 기존의 사고틀을 벗어날 수 있도록 돕는다(그림 68). 그러나 창의성 기술의 작업만으로는 충분하지 않다. 혁신능력은 전략적 사고모델의 사용, 체계적으로 구조화된 프로세스와 결합된 사고틀의 변화 및 전략적 방향 도구의 사용을 통해 기하급수적으로 향상시킬 수 있다.

모순지향적 혁신전략(WOIS)에서는 체계적이고 포괄적인 단계를 사용하여 혁신관점을 분석하고, 방향을 결정하며, 혁신적인 접근방식을 만든다. 여기서 전통적인 접근방법과의 중요한 차이는 **모순지향적 사고방식**이다. 지금까지 모순되었던 목표들의 놀라운 성과를 통해 보다 혁신적인 목표를 구체적으로 달성할 수 있다.

해답을 제시하는 것보다 새롭고 관련성 있는 질문을 제기하는 것에 창의성이 더 많이 필요하므로, WOIS 프로세스에서는 방향 탐색이 핵심역할을 한다. 가장 잠재적인 당면 과제들은 자연자원, 조직, 서비스 제공, 시장 및 가치창출모델의 상위시스템, 규칙, 추세를 결정하는 트렌드에 대한 분석과 지침을 통해 발굴된다(그림 68). 혁신프로세스는 다음 세 단계로 구성된다.

1. '머리를 높이 들고'라는 모토에 따른 **방향 탐색**: 사실, 트렌드 및 한계에 대한 분석을 체계적으로 확장하면, 양극화된 문제에 초점을 맞출 수 있는 새로운 관점과 예측이 도출된다.

2. '모든 타협은 반쪽짜리 타협'이라는 모토에 따른 **방향 결정**: 핵심모순 및 역설적인 요구사항은 지금까지의 성능에 대한 한계를 넘어서는 해결책을 야기한다. 빠져나갈 길이 안 보이는 딜레마는 오직 혁신적인 솔루션으로만 극복할 수 있다.

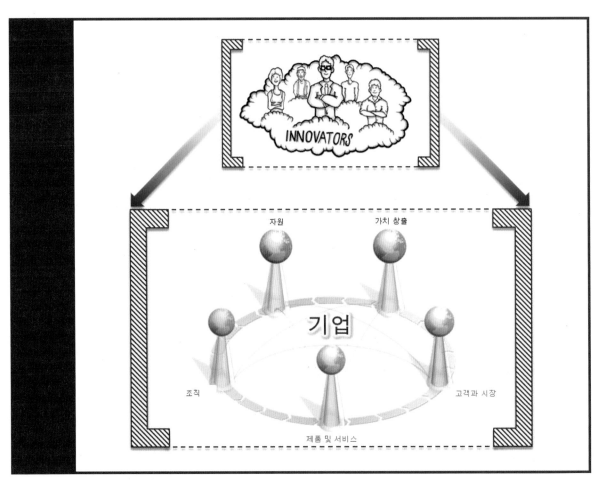

그림 68: 상이한 관점을 갖는 다양한 분야의 협업에 의한 도전   출처: 저자 제공

3. '미래로부터 역으로 구상'이라는 모토에 따른 **방향 혁신**: 신속한, 빠른 설계는 타협에 의한 해결책으로 귀결된다. 그러나 추상적 사고패턴은 전문가들로 하여금 특이한 발전방향에 초점을 맞추도록 한다. 혁신은 지금까지 상상할 수 없었던 놀라운 특성을 가진 해결책에 대한 모순적인 도전과제를 설계한 것이다.

변화를 위한 **방향 탐색** 단계에서 제기되는 문제는, 기업 전체 가치사슬 중 어느 차원에서 혁신가능성이 존재하는가이다. 또한, 제품 사용 사이클의 어느 단계에서 혁신가능성이 존재하는가이다. 이러한 질문에 대한 답변과 포괄적인 분석의 논점을 반영하기 위해서는 기존의 조직구조 또는 기존 제품과 관련하여 이미 확립된 기업 활동들이 시스템 통합의 맥락에서 반영될 수 있는 리플렉션 모델이 필요하다. 이러한 도전과제들을 추상화하면 기업의 비즈니스 영역에 속한 구조와 기능에 대한 근본적인 고찰에 관한 것이 된다. 이론적 관점에서 제기되는 문제는 다음과 같다. **이전에는 관찰할 수 없었던 발전방향에 대한 영감을 얻을 수 있으려면 어떻게 구조를 분석해야 하는가?** 새로운 사고 방향으로 이어질 수 있는 더 많은 방향을 탐색하기 위해서는 구조 분석이 어떻게 행해져야 하는가? 어떠한 사고모델이 분석을 위해 사용될 수 있는가? 한편으로는 완전하고 효율적이며 다른 한편으로는 자원을 절약하고 간소한 시스템 구조를 어디서 발견할 수 있는가? 이 모든 질문들의 기저에 놓인 질문은 '구조는 언제 완전한가?'이다.

■ **무언가를 더 이상 추가할 수 없는 경우라면? → 이는 과다한 시스템이다.** 이러한 방식은 자원을 낭비하는 경향이 있다.

■ **무언가를 더 이상 뺄 수 없는 경우라면? → 이는 수동적 체계이다.** 이러한 방식은 역량을 한계까지 최대한 활용하지 않는다.

이와 관련하여 생체공학은 자연법칙의 적용이 놀라운 솔루션이 된다는 매혹적인 개념을 계속해서 보고한다. 이것이 WOIS 시스템 모델의 탄생배경이다(그림 69)(12).

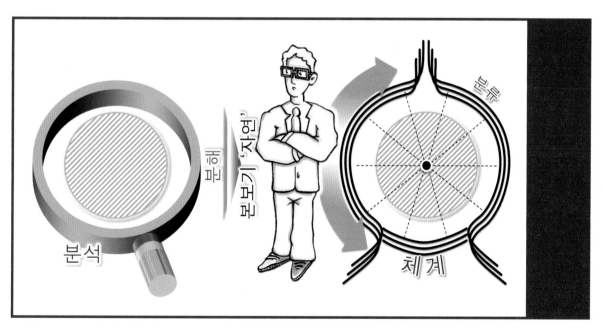

그림 69: 구조 및 기능에 대한 분석모델로서의 WOIS 시스템 모델　　　　　　　　출처: 저자 제공

이미 데카르트는 복잡한 시스템을 분석하기 위해서는 서브시스템으로 분해하는 것이 좋다고 권장한 바있다(13). 현재 개발 수준의 성능 한계를 체계적으로 전환시키기 위해서는 다음과 같은 일반적인 구조의 모델이 요구된다.

- **일반적인 구조를 제시하는 모델**: 혁신이란 모든 측면의 개발에 관한 것이고, 무엇보다 먼저 지금까지 발생한 개발격차의 체계적인 인식에 관한 것이기 때문에 이러한 것들을 인식할 수 있는 전체를 볼 수 있는 일반적인 구조를 가지고 있어야 한다. 왜냐하면 **가장 어려운 점은 약점이 있는 부분을 알아내는 것이 아니라 아직 존재하지 않는 것을 알아내는 것이기 때문이다.**

- **시스템의 개별적인 세부 개발상황에 대한 정보를 허용하는 모델**: 이러한 모델이 요구되는 이유는 아직 구체적으로 지정되기 전에 다음 개발 단계를 모델을 통해 지정할 수 있는 것이 개발자들에게 유리할 것이기 때문이다.

WOIS 시스템 모델을 이해하기 위해서는 인간 생물체에 대한 다음의 비유가 도움이 된다(그림 70)(14).

우리 몸은 수십억 개의 세포로 이루어져 있다. 세포는 생물체의 가장 작은 존립할 수 있는 구조적 및 기능적 단위이다. 이러한 기본단위는 신진대사, 자극감수성, 자극에 대한 반응, 움직임, 재생산 또는 복제 등의 모든 중요한 구조 단위와 근본적 생명기능을 포함한다. 인간과 동물 세포의 크기는 20에서 30마이크로미터이다. 가장 작은 기관인 세포기관에 개별적 기능들이 할당되어 있다. 세포들은 세포 어셈블리를 형성한다. 동종으로 구분된 세포들의 세포어셈블리와 파생기관을 조직이라고 하고, 여러 개의 조직이 모여 법칙에 의해 완성된 형상 또는 구조를 가진 기관이 되며 이는 특정한 기능을 수행한다. 동일한 기능을 갖는 기관들을 하나의 기관 시스템으로 묶는다. 그들은 생리학적, 형태학적 및 발달 과정적 관점에서 결합되어 있다. 분화되지 않고 무한히 분열 가능한, 그러나 조직-특이적으로 결정되는 세포가 줄기세포다. 줄기세포는 오늘날 성인의 재생가능한 모든 조직을 위한 가장 중요한 세포이고 분화에 의한 태아 기관발달의 시작 물질이다.

진화를 결정하는 이러한 작고 생존 가능한, 개발 잠재력이 있는 서브시스템들은 더 높은 단계로의 발전을 위한 법칙과 함께 사용될 수 있다. 그것은 심지어 인간자체, 타인 및 생명체와의 관계, 기술 및 환경 전반에 걸쳐 전이될 수 있으며, 그들로부터 배우고, 진화의 정신을 따르고, 과정을 인식하고, 사고하고, 새로운 고려사항을 추가함으로써 창조적 과정의 원동력, 촉진 매개체로 이용할 수 있다. **이를 기반으로 모든 구조**

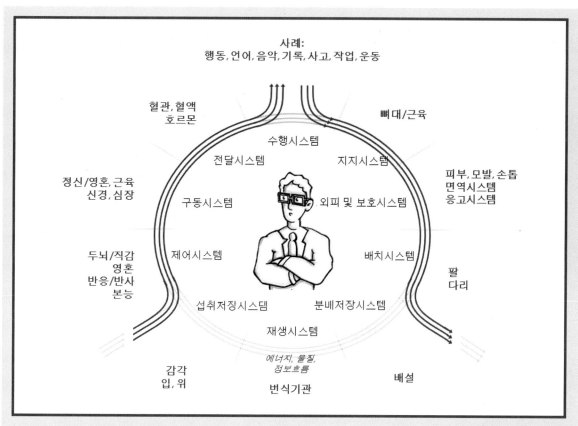

그림 70: 인간 사례의 WOIS 시스템 모델

에 대한 분석의 기초로 사용될 수 있는 인간 유기체 시스템 모델을 구축하였다.

이 시스템 모델은 10개의 서브시스템으로 구성된다(그림 70). 이 모델은 섭취-저장 시스템 내의 모든 종류의 정보를 유동시스템(에너지, 물질, 정보흐름) 및 재생산 시스템(재생)으로 전달하기 위해 물질에 대한 섭취모드가 포함된다. 섭취-저장 시스템은 물질출력(배설), 정보출력(행동, 언어, 음악, 작문), 그리고 에너지출력(생각, 일, 스포츠) 기능을 갖는 분배-저장 시스템과는 반대가 된다. 에너지 관점에서 보면, 이 가운데에는 **제어시스템**(반사, 본능, 감정), 정신, 영혼, 근육, 신경이 있는 **구동시스템**, 혈관, 혈액 및 호르몬이 있는 **전달시스템**이 있고, 골격, 근육조직의 **지지시스템**, 피부, 모발, 손발톱, 면역 및 응고체계의 **외피 및 보호시스템**, 팔, 다리의 **포지셔닝시스템과** 같은 체계들이 있다. **수행시스템**에서 이 모든 시스템은 결국 더 높은 단계로의 발전에서 공통된 표현임을 알 수 있다.

개별 서브시스템 간의 관계는 균형을 맞출 수 있고, 개별적으로 논의의 대상이 될 수 있다. 이러한 유기체 기능모델은 생명 및 발전모델로서 모든 서브시스템들을 비판적으로 분류하고, 각각의 실제적인 사회조건에 맞게 조정하여, 즉 업무 관행과 관련하여 분석하여 더 높은 발전 단계로 가기 위한 전략적 도구로써 사용하기 위해 조직구조, 서비스 및 사회구조를 설계할 수 있다.

살아 있는 구조의 입장에서 생각하는 것, 아울러 그것의 의존성과 대립성을 검토하는 것은 충분한 가치가 있고 우리 고유의 사고, 생각을 자극한다.

이 모델은 또한 다음 핵심질문에 답하는 데 도움을 줄 수 있다. **하나의 시스템이 완전한 시점은 언제인가? 즉, 시스템이 언제 완전한가? 시스템 모델의 관점에서 보면, 생물체를 형성한 모든 서브시스템이 분석하고자 하는 시스템에서 발견되는 경우에 하나의 구조는 완전할 것이다. 서브시스템들의 발전상황을 평가하기 위해서 더 높은 단계로의 발전법칙들이 이 모델에서 이용된다.** 이러한 법칙들의 도움으로, 미래예측은 주관적 평가에 의존하면서도 또한 높은 추론 및 예측확실성을 갖도록 수행될 수 있다.

WOIS 시스템 모델은 신진대사분야 전문가와의 협업을 통해 고도로 발달한, 그리고 자립적으로 기능하는 '자연시스템'으로부터 개발되었다(15). **WOIS 시스템 모델은 모든 구조, 시스템, 제품, 조직 및 기업 그리고 이들의 향후 발전을 위한 분석기반으로 이용될 수 있다.**

결론: 보편타당한 일반적인 분석구조와 전략적 방향설정 수단의 조합은 기존의 접근방식으로 자극하는 것보다 분명히 우위에 있다. 차별화된 관점은 '방향 지향적 측면 사고'에 도전하게 하고, 체계적으로 개발 격차를 식별하게 한다.

사례: 라이프하이트(Leifheit)

다음의 사례는 혁신이 불가능할 것 같은 매우 어려운 상황에서도 놀라운 혁신도약이 가능하다는 것을 보여준다. 1923년 영국에서 프레더릭 파이보른(Frederick Faibourn)에 의해 의류 건조대의 원리가 특허로 등록되었고(16), 1947년부터 그 건조대는 시장에 출시되었다. 이는 동시에 70년 이상 전 세계적으로 이 제품의 지속적인 개선을 위한 작업이 행해져 왔다는 것을 의미한다. 비록 모든 개발팀들이 차별화를 추구하지만 오늘날 시장에 나온 제품들은 본질적으로 비슷비슷하다. 그럼에도 불구하고 라이프하이트(Leifheit)가 오랫동안 유럽시장 내에서 프리미엄 입지를 유지할 수 있었다는 사실은 주목할 만한 가치가 있다.

더 이상 나아가기 전에 간략한 사고실험을 해 보길 바란다. 건조대에서 어떤 자발적인 개선 부분이 있을까?

라이프하이트는 1995년(17)에 발명한 특허로 고객을 위한 독특하고 놀라운 '차별화된 판매 가치제안(Unique Selling Point)'을 확보하는 데 성공했다. 그 당시까지의 문제는 지저분한 건조대 줄이 흰 세탁물에 줄 흔적을 낸다는 것이었다. 신형 라이프하이트 건조대는 접힌 상태에서 줄을 깨끗하게 유지할 수 있었다. 그러나 모든 특허 권리는 보호기한이 있다. 그러므로 라이프하이트의 전략적 결정은 초기에 건조대 제품의 미래를 생각하는 것이었다. 경쟁이 치열한 환경에서 오로지 개인의 창의성만으로는 부족하기 때문에, 라이프하이트는 '건조대의 미래 잠재력'에 대한 전략적 검토를 WOIS 혁신학교(Innovation School)의 여러 학생 그룹에게 동시에 다뤄보도록 의뢰했다. 학생들은 우선 수요조사 차원에서 다양한 사용조건을 연구하는 원칙을 따라 수행했다. 이로부터 이례적인 문제제기가 이어졌고, 이는 상세분석을 통해 구체화되었다. 대도시에서는 어떻게 세탁물을 건조하는가? 원룸에서 세탁물건조는 어떻게 하는가? 그리고 빌라의 경우는 어떠한가? 세탁물이 갑자기 많은 경우는 어떻게 처리해야 하는가? 가족파티 또는 축구동호회의 경우에는 어떠한가? 생활환경에 따라 습관과 요구사항이 근본적으로 다르다.

이러한 경험들이 오늘날 시장에 출시된 비슷한 건조대에 반영된다면, 더 높은 단계로의 발전패턴의 의미에 부합하지 않는 구성요소가 한두 개가 아니다(그림 70의 개발단계 참조). 곳곳에서 혁신의 경고가 울린다! 모든 접근법에서 팀은 작업을 상세하게 구조화하는 방법에 대한 도전에 직면한다. **더 높은 발전 단계들과 연계하여 WOIS 시스템 모델을 사용하는 것은 혁신가능성에 대한 래스터 스캔(Rasterscan)/그리드 스캔(Grid Scan)과 같은 역할을 한다(그림 71).**

예를 들어, '수행시스템'인 건조대 줄이 있다. 세탁물의 종류가 다양한데, 건조대의 줄은 항상 동일하다는 것은 고민해 볼 만한 지점이다. 세탁물이 크건, 작건, 무겁건, 가볍건, 소재가 튼튼하건, 민감하건 줄은 차이나지 않는다. 오늘날 라이프하이트의 '간편집게(easyclip) Linomatic'가 있다.

> "네 개의 팔 중 하나에 실용적인 소형걸이들이 부착되어 있으며, 접을 때에도 방해받지 않도록 설치되었다. 소형걸이에는 양말, 팬티 또는 브래지어와 같은 38개의 작은 세탁물을 빨래집게 없이 빠르고 간편하게 걸 수 있다. 여기에 바람에 날리지 않도록 옷걸이를 거는 8개의 고리를 추가하였다(18)."

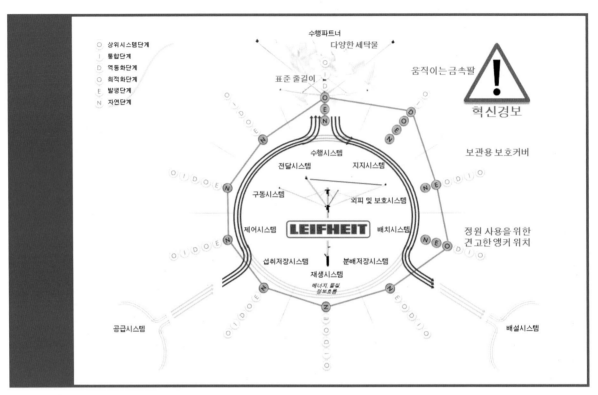

그림 71: 라이프하이트 의류 건조대 사례를 이용한 WOIS 시스템 모델   출처: 저자 제공(라이프하이트 참조)

의류 건조대의 '보호시스템'에 해당하는 커버 또한 개발 가능성이 남아 있었다. 과거 커버는 건조대가 접힌 형태에 최적화되어 있었다. 그러나 사용하는 동안에도 보호시스템이 적극적인 기여를 제공하는 것은 불가능할까? 그렇지 않다! 색이 있는 옷은 자외선으로부터 보호되어야 한다. 야외의 경우, 날아다니는 새의 오염물로부터 세탁물을 보호할 필요성도 있다. 여기에 중부유럽은 날씨 때문에 건조대의 사용이 맑은 날에 제한된다. 따라서 불안정한 기상조건일 때도 건조대가 사용될 수 있다. 이는 맞벌이 부부에게 특히 중요하다. 이 모든 사항에 대한 답은 라이프하이트의 'Linoprotect'였다. 이 의류건조기는 지붕을 가진 파라솔 형태의 제품으로 커버는 접힌 상태는 물론 사용 단계에서도 역동적인 보호를 제공한다.

마찬가지로 다른 8개의 서브시스템에서도 체계적인 혁신가능성을 유사한 방식으로 도출하였다. 이 프로젝트로 라이프하이트는 수많은 특허를 선점하였고, 이로써 수년에 걸쳐 계속해서 새로운 주장으로 혁신적인 위치를 확보하고 시장을 독점할 수 있는 잠재력을 갖게 되었다.

7.5 미래를 어떻게 만들어 나가야 하는가? 혁신전략을 통해

중대한 변화에는 종종 패러다임 변화가 동반된다. 기본적으로 새로운 것은 성공이 불확실하고 그것의 잠재력은 논리적으로 뒷받침될 수 없기 때문에 믿지 못하게 되고 뒤로 밀리게 된다. 더구나 새로운 분야를 개척하기 위해서는 자신의 역량만으로는 충분하지 않다. 그러므로 종종 팀은 익숙한 사고방식과 거래방식으로 되돌아간다. 현재 진행 중인 비즈니스가 더 구체적으로 보이고 실제 현금흐름에 직접적 영향을 미친다. 일반적으로 새로운 관점은 팀의 협업과 상관없이 처음에는 각 개인의 머리 속에 떠오른다. **가장 큰 과제는 이와 같이 개인의 머리 속에 떠오른 가치 있고 아직은 성숙하지 않은 생각을 팀원들과 함께 논의하고 발전시켜 나가는 것이다.**

배경은 다음과 같다. 거의 모든 기존 접근 방식에는 모든 시장참여자들의 광범위한 노하우가 담겨져 있다. 그러나 새로 개발된 접근방식들은 아직은 이러한 포괄적 지식을 완전히 통합할 수는 없다. 이때 다양한 분야와의 협업이 한편으로는 미성숙한 방식을 완전하게 하는 역할을 하고, 다른 한편으로는 다양한 학문의 다른 사고방식, 다른 논증모델 및 다양한 언어에서 비롯되는 갈등, 충돌을 체계적으로 유발한다(그림 72). 이러한 이유로 개발 프로젝트의 영역에서 창의성 기술을 사용하는 것은 미래의 생존력을 위한 충분한 기반이 아니다. **목표는 잠재력이 큰 비즈니스 모델의 핵심으로 하나의 공통적인 새로운 논리를 확립하는 것이다**(그림 72의 미래에 대한 파란색 화살표 참조).

이때 다양한 아이디어들을 추구하는 프로세스는 별로 도움이 되지 않는다. 미래 로드맵의 시발점을 제시하는 새로운 논리, 즉 새로운 핵심이 필요하다(그림 73). 이와 같은 결정점(deciding point)으로부터 목표에 맞는, 목표 지향적인 아이디어들을 도출해 내고, 이들을 바탕으로 한 혁신로드맵이 만들어져야 한다. 개별 활동들은 일정에 맞게(시간 순서에 따라) 목표에 도달할 수 있도록 등대 방향으로 통일 및 동기화되어야 하고, 이러한 개별 활동들은 시간범위 내에서 서로 조정되어야 한다. 여기서 어려운 과제

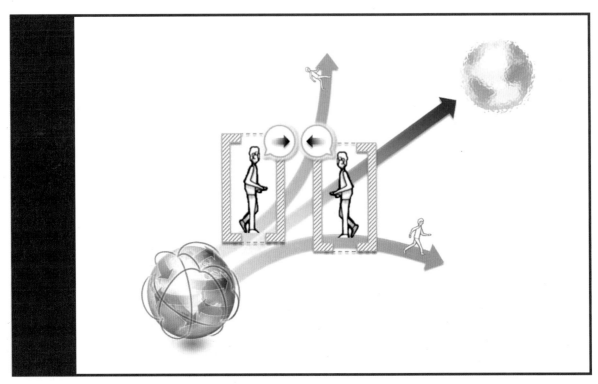

그림 72: 미래토론에서 수렴 부족   출처: 저자 제공

는 개별적으로 보았을 때는 전혀 중요한 역할을 할 것 같지 않은 활동들을 식별해 내어 계속해서 밀고 나가야 하는 것이다. 비즈니스 모델에는 전체 시스템의 지속가능성을 위해 다른 접근 방식과의 연계에 의해서만 결정적인 역할을 수행하게 되는 요소들이 항상 있다. 모자이크 역시 마지막 빌딩 블록을 추가해야만 완전한 예술작품이 된다. 이러한 모듈 중 하나가 빠지거나 일관성 없이 구현되면, 전체 비즈니스 모델은 실패할 수 있다.

그렇다면 문제는 변화에 대한 의지와 능력을 어떻게 조성할 수 있는가이다. 새로운 차원의 추론 및 예측능력과 이들을 공격적인 혁신문화에 접목하는 것이 필요하다. 역량과 관계의 공통 문화 속에서 창의성 기술과 체계적인 사고기술을 결합하여 미래지향적인 사고방식을 만들 수 있다.

기업성공의 열쇠는 공통의 비전하에서 차별화된 역량을 가진 사람들이 상호작용하면서 협력하는 것이다. 기업은 방향결정을 위해 모든 책임영역에서 임직원의 지식과 경험을 집중시킬 수 있어야 한다(그림 72). 이렇게 해야만 공유된 비전이 만들어질 수 있다. 개발의 기본조건들이 전부 동시에 만족되지 않는 경우, 더 높은 단계로의 발전을 위한 개발 프로세스는 잠재력이 충분히 발휘되지 않는다.

일반적으로 회사의 경영진이 그 기업의 성장목표를 제시한다. 목표를 달성하기 위해서는 대개 제품 및 서비스를 더 개발해야 한다. 그러나 조직의 미래를 보장할 수 있기 위해서는 이 관점만으로는 부족하다. 잠재적인 기회와 위협이 너무 복잡해졌다. 미래의 목표는 항상 새로운 방향설정의 결과다. 미래의 비즈니스 모델을 이해해야만 현재 전체 비즈니스 모델의 상호작용 측면에서 불가피한 조정을 인식할 수 있다. 혁신을 실현시키기 위해서는 소위 '프론트레벨링(Frontleveling)'이라고 하는 모든 기업 활동들의 변환이 필요하다(그림 73에서 개별 기업 활동을 서로 연결한 노란색으로 표시된 가운데 나선형 회전 참조). 가치사슬의 한 영역이 크게 바뀌면 비즈니스 모델의 측면들이 더 이상 조화를 이루지 못한다. 이 경우 불균형, 즉 왜곡상황이 발생하고 이를 해결하지 못하면 새로운 혁신방식의 잠재력이 발휘될 수 없다. 하나의 관점에서 일어나는 중요한 변화는 가치사슬상에 있는 모든 다른 혁신기둥들이 동일한 방향성으로 조정되는 경우에만 발현 가능한 최대효과를 낼 수 있다. 비선형적으로 긍정적인 발전을 촉발하는 것은 종종 작은 측면들이다. 목표는 자원, 조직, 서비스 범위, 시장 및 부가가치 영역에서의 미래 활동들을 기업의 단기적, 중기적 및 장기적인 기간별로 개별조치들이 최대의 효과를 발생시킬 수 있도록 동기화하는 것이다.

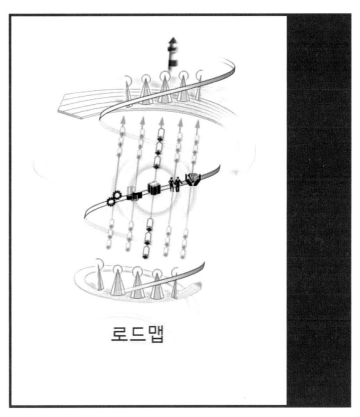

그림 73: WOIS 혁신 로드맵   출처: 저자 제공

결론: 기업이 현재 불투명한 긴장 영역에서 미래로 성공적인 항해를 하기 위해서는 비즈니스 모델의 초기 설계 단계에서 다각도의 방향탐색을 필요로 한다. 목표는 초기 단계에서 미래지향적 방향을 확인하고 논의할 수 있도록 하는 것이다. 프레임워크, 즉, 틀에 대한 조건들의 끊임없는 변화는 변화의 기

회를 제공한다.

모순지향적 혁신전략(WOIS)은 미래의 장벽을 초기에 모순의 형태로 의도적으로 유발하는 데 도움을 준다. 모순을 혁신의 지름길로 활용하는 것이 중요하다. **WOIS의 모순모델은 체계적이고 구체적으로 목표를 가지고 혁신 개발을 할 수 있도록 지원하는 공격적인 사고기술을 제시한다.** 새로운 비즈니스 모델에 대한 고립된 시각만으로는 충분하지 않다. 혁신을 위한 '프론트레벨링'만이 새롭고 지속가능한 비즈니스 모델에 대한 모든 관련된 관점들로부터 도출한 포괄적인 합을 보장할 수 있다.

혁신자로서 미래로의 출발에 앞서 WOIS 비디오 〈혁신프로세스〉에서 영감을 얻기를 바란다(그림 74).

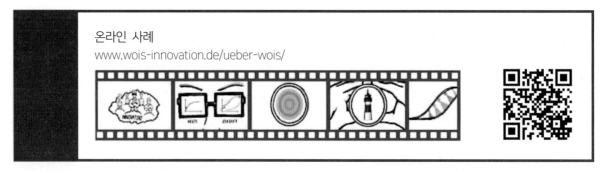

그림 74: WOIS 비디오 〈혁신프로세스〉   출처: 저자 제공

**진화에 영향을 미치고 미래를 만들어가는 이들에게,
새로운 차원의 자유와 미래를 설계하는 과정에서 성공하기를 응원한다!**

주석

제2장

1 Christensen, Anthony & Roth, 2004.

2 Bhan, 2015; A.T. Kearney, 2013, S. 19.

3 Braungart & McDonough, 2008, S. 7, 22.

4 Bar–Yosef, 2014.

5 Pietschmann, 2009, S. 81, 107.

6 Furr, 2011.

7 Foster & Kaplan, 2001, S. 7.

8 Hamberger & Pietschmann, 2015, S. 48.

9 Pietschmann, 2017.

10 Pietschmann, 2002.

11 Hamberger & Pietschmann, 2015, S. 48f.

12 Pietschmann, 2017.

13 Pietschmann, 2017.

14 Pietschmann, 2017.

15 Nietzsche, 1899, S. 76.

16 Hamberger & Pietschmann, 2015, S. 116.

17 Hamberger & Pietschmann, 2015, S. 116.

18 Pietschmann, 2017.

19 Pietschmann, 2000, S. 10–11.

20 Pietschmann, 2009, S. 83 f.

21 Schmid, 2008, S. 22.

22 Schmid, 2008, S. 103 f.

23 Schmid, 2008, S. 105.

24 vgl. Johnson, 2010, S. 158.

25 vgl. Vittoratos & Schuler, 2012.

26 vgl. IT Times, 2007.

27 vgl. O'Brien, 2010.

28 Schmidt & Cohen, 2013.

29 vgl. Schmid, 2008, S. 14.

30 vgl. Schmid, 2008, S. 14.

31 vgl. Schmid, 2008, S. 19.

32 Schmid, 2008, S. 22.

33 vgl. Schmid, 2008, S. 20.

34 vgl. Schmid, 2008, S. 27.

35 vgl. Schmid, 2008, S. 34, 43 f.

36 vgl. Schmid, 2008, S. 92.

37 vgl. Schmid, 2008, S. 87.

38 Schmid, 2008, S. 94.

39 vgl. Schmid, 2008, S. 103 ff.

40 Schmid, 2008, S. 103.

41 Schmid, 2008, S. 103 f.

42 Schmid, 2008, S. 103.

43 vgl. Schmid, 2008, S. 104 f.

44 Schmid, 2008, S. 115.

45 Schmid, 2008, S. 118.

46 Leimbach, 2010, S. 72.

47 Moore, 1965, S. 114 f.

48 Erdmann, 2011, S. 29 ff.

49 Haigh, 2006, S. 1, 7, 9, 20.

50 vgl. Schmid, 2008, S. 104.

51 Schmid, 2008, S. 104.

52 Schmid, 2008, S. 104.

53 Bulow, 2009.

54 vgl. Schmid, 2008, S. 105.

55 Leimbach, 2010, S. 78.

56 vgl. Schmid, 2008, S. 132.

57 Schmid, 2008, S. 130.

58 Schmid, 2008, S. 134.

59 Schmid, 2008, S. 139.

60 Schmid, 2008, S. 139.

61 Farber, 1999, S. 1−3.

62 vgl. Schmid, 2008, S. 146.

63 Schmid, 2008, S. 146 ff.

64 vgl. Schmid, 2008, S. 147.

65 vgl. Schmid, 2008, S. 150.

66 Mounier−Kuhn & Chatlin, 1990; Tomash, 1990.

67 Bartimo & McCarthy, 1985, S. 15−17.

68 Kraemer, 2001.

69 vgl. Schmid, 2008, S. 151.

70 vgl. Schmid, 2008, S. 151.

71 Ludwig, 1983.

72 vgl. Schmid, 2008, S. 158.

73 vgl. Schmid, 2008, S. 158.

74 Schmid, 2008, S. 168.

75 Schmid, 2008, S. 197−201.

76 vgl. Darwin, 1867, S. 83.

77 Herr, 2016, S. 8−17.

78 Darwin, 1867, S. 83.

79 Weick, 1969; Weick, 1985, S. 163 f.; Glassmann, 1973, S. 83 f.; Luhmann, 2011, S. 374 f.

제3장

1 Schopenhauer, 1851, S. 93.

2 Welsch, 2010, S. 45.

3 Kuhn, 2012.

4 vgl. Hamberger & Pietschmann, 2015.

5 Linde, 1988, S. 84.

6 Linde, 1988, S. 84.

7 Back, 2014, S. 5, 19−21.

8 Linde, 2005, S. 35 f.

9 Linde, 1988, S. 15.

10 Linde, 1988, S. 87.

11 Linde, 1988, S. 87.

12 vgl. Werner & Dellbrugger, 2013, S. 100.

13 vgl. Schombert, 2004.

14 Braungart & McDonough, 2008, S. 7, 22.

15 Linde, 1988, S. 113−116.

16 Ashby, 1947, S. 125 f.; Nicolis & Prigogine, 1977, S. 429−447; Maturana & Varela, 2009, S. 60; Luhmann & Baecker, 2011, S. 101 ff.

17 Linde, 1988, S. 113−116.

18 Altschuller, 1973, S. 72.

19 Schombert, 2004.

20 Altschuller, 1984, S. 126; Reichel, 1984, S. 90−92.

제4장

1 Nietzsche, 2015, S. 66 f.

2 Neubeiser, 1993, S. 44.

3 Sutton, 2010.

4 Werner & Dellbrugger, 2013, S. 100.

5 vgl. Malik, 2015, S. 161.

6 de Bono, 1971, S. 12−13.

7 de Bono, 1971, S. 15 f.

8 Koestler, 1964, S. 42 f.; Plassmann & Schmitt, 2007.

9 Plassmann & Schmitt, 2013, S. 187−209.

10 de Bono, 1971, S. 30−35.

11 de Bono, 1971, S. 33−37.

12 Beyer & Beyer, 1994, S. 23, 128.

13 de Bono, 1971, S. 15 f., 27.

14 Linde, 2005; Linde & Herr, 2009.

15 de Bono, 1971, S. 52 f.

16 Linde, 1988, S. 65.

17 Fuller, 1988, S. 3-6.

18 Beyer & Beyer, 1994, S. 29.

19 Wikipedia, 2017.

20 vgl. Wikipedia, 2017.

21 Maturana & Varela, 2009, S. 148.

22 Linde, 1988, S. 16.

23 Linde & Herr, 2009, S. 2 f.

24 Kuhn, 2012.

25 Herr, 2015, S. 8-11.

26 Quelle unbekannt.

27 Watkins, 2013, S. 5-9, 102-107, 141-145; Huther, 2009.

28 Watkins, 2013, S. 5-9, 102-107, 141-145; Huther, 2009.

29 Watkins, 2013, S. 5-9, 102-107, 141-145; Huther, 2009.

30 Neubeiser, 1993, S. 44.

31 Horx, 2011, S. 61 ff.

32 Reichel, 1984, S. 11-21, 31, 72, 78-80; Altschuller, 1984, S. 86-95.

33 Foster, 1986, S. 39; Arthur D. Little International, 1985, S. 12 ff., 52 ff.

34 Horx, 2011, S. 72.

35 Linde, 1988, S. 29; Fiedler, 1977, S. 121 ff., 162 ff.

36 Kim & Mauborgne, 2005, S. 73.

제5장

1 Cooper, 2011, S. 101; Meyer, 2014, S. 15.

2 Cooper, 2011, S. 101.

3 Stephan, 2012, S. 254.

4 Osterwalder & Pigneur, 2011, S. 8 f.; Gassmann, Frankenberger & Csik, 2013, S. 3 ff.

5 Cooper, 2011, S. 29.

6 Cooper, 2011, S. 14.

7 Meyer, 2014, S. 14, 26.

8 Linde, 1988, S. 32; Altschuller, Altov & Shulyak, 1994, S. 32.

9 Prahalad & Bettis, 1986.

10 Kotter, 2012, S. 90 f.

11 Linde, 1988, S. 45; Reichel, 1984, S. 11-15; Eigen, 1971; Haken, 1981; Schrauber, 1981, S. 42.

12 Kotter, 2012, S. 46.

제6장

1 Kotter, 2011, S. 3.

2 Kotter, 2011, S. 15.

3 Bieger & Reinhold, 2011, S. 32.

4 Pietschmann, 2002, S. 23.

5 Kotter, 2012, S. 29.

6 Cooper, 2011, S. 30, 97.

7 Eisenhower, 1954.

8 Kotter, 2012, S. 84.

9 Pietschmann, 2002, S. 46.

10 Hagen, 2011.

11 Maslow, 2000, S. 1-30.

12 Pink, 2009.

13 Huther, 2009.

14 Bohnsack, Pinske & Kolk, 2014; Chesbrough & Rosenbloom, 2002; Morgan & Barden, 2015, S. 38.

15 Haanaes, 2015.

제7장

1 Pietschmann, 2009.

2 vbw, 2009, S. 10－19.

3 Kaplan, 2012, S. XV.

4 Hamel & Prahalad, 1996.

5 Meyer, 2014, S. 14, 26.

6 Kotter, 2012, S. 24.

7 Linde, 1988, S. 27.

8 Linde, 1988, S. 32; Altschuller, Altov & Shulyak, 1994, S. 32.

9 Linde, 1988, S. 32; Altschuller, Altov & Shulyak, 1994, S. 32.

10 Linde, 1988, S. 32; Altschuller, Altov & Shulyak, 1994, S. 32; Reichel, 1984, S. 11－21, 31, 72, 78－80.

11 Diamandis & Kotler, 2015, S. 111 f.

12 Muller, 1990, S. 6, 7; Miller, 1978, S. 3; Hennig, 1976.

13 Kanterian, 2004, S. 13.

14 Schunk, 2017.

15 Schunk, 2017.

16 Faibourn, 1924.

17 Ohm & Leifheit Aktiengesellschaft, 1995.

18 www.leifheit.de/produkt/details/zubehoer－easyclip－fuerwaescheschirme－linomatic.html.

찾아보기

참고문헌

Altschuller, G. (1973): Erfinden — (k)ein Problem? Berlin: Verlag Tribune.

Altschuller, G. (1984): Erfinden — Wege zur Losung technischer Probleme. Berlin: Verlag Technik.

Altschuller, G., Altov, H., Shulyak, L. (1994): And suddenly the inventor appeared: TRIZ, the Theory of Inventive Problem Solving. Worcester, MA.: Technical Innovation Center Inc.

Arthur D. Little International (1985): Management im Zeitalter der strategischen Fuhrung. Wiesbaden: Gabler Verlag.

Ashby, W. (1947): Principles of the Self—Organizing Dynamic System. In: Journal of General Psychology, S. 37.

A.T. Kearney (2013): GSMA Wirless Intelligence: The Mobile Economy 2013. A. T. Kearney, London.

Back, A. (2014): Aristotle's Theory of Abstraction (Bd. 73). Cham, Heidelberg, New York, Dordrecht, London: Springer International Publishing Switzerland.

Bartimo, J., McCarthy, M. (1985): Is Apple's Laserwriter On Target? In: InfoWorld, 7 (6), S. 15—17.

Bar—Yosef, A. (2014): An Athlete uses physics to shatter world records. http://ed.ted.com/lessons/an—athlete—uses—physicsto—shatter—world—records—asaf—bar—yosef (abgerufen am 20. April 2017).

Beyer, G., Beyer, M. (1994): Innovations— und Ideenmanagement: Vergessen Sie Ihre alten Erfolge, es fangt alles wieder bei Null an. Dusseldorf, Wien, New York, Moskau: ECON Verlag.

Bhan, N. (2015): Introducing The Global Prepaid Economy, http://nitibhan.com/2015/08/10/an—introduction—to—theglobal—prepaid—economy/ (abgerufen am 23. Februar 2016).

Bieger, T., Reinhold, S. (2011): Das wertbasierte Geschaftsmodell — ein aktualisierter Strukturansatz. In: Bieger, T., zu Knyphausen—Aufseß, D., Krys, C.: Konzeptionelle Grundlagen, Gestaltungsfelder und unternehmerische Praxis. Berlin: Springer Verlag, S. 13—70.

Bohnsack, R., Pinske, J., Kolk, A. (2014): Business Models for Sustainable Technologies: Exploring Business Model Evolution in the Case of Electric Vehicles. In: Research Policy, Jg. 43 (2), S. 284—300.

Braungart, M., McDonough, W. (2008): Die nachste industrielle Revolution. Hamburg: Europaische Verlagsanstalt.

Bulow, R. (2009): Auf den Spuren der deutschen Computermaus. http://www.heise.de/newsticker/meldung/Aufden—Spuren—der—deutschen—Computermaus—216255.html (abgerufen am 3. Februar 2016).

Chesbrough, H., Rosenbloom, R. S. (2002): The Role of the Business Model in Capturing Value from Innovation: Evidence from Xerox Corporation's Technology Spin—Off Companies. In: Industrial and Corporate Change, Jg. 43 (2), S. 529—555.

Christensen, C. M., Anthony, S. D., Roth, E. A. (2004): Seeing what's next. Boston: Harvard Business Press.

Cooper, R. G. (2011): Winning at new products. New York: Basic books (4th edition).

Darwin, C. (1867): Uber die Entstehung der Arten durch begunstigte Zuchtwahl oder die Erhaltung der begunstigten Rassen im Kampfe um's Dasein. Stuttgart: E. Schweizerbart'sche Verlagshandlung und Druckerei (3.Auflage).

de Bono, E. (1971): Laterales Denken. Ein Kurs zur Erschließung Ihrer Kreativitatsreserven. Reinbeck bei Hamburg: Rowohlt Verlag.

de Bono, E. (1989): Das Sechsfarben−Denken: Ein neues Trainingsmodell. Dusseldorf: Econ−Taschenbuch−Verlag.

Diamandis, P. H., Kotler, S. (2015): Bold: How to Go Big, Create Wealth and Impact the World. New York: Simon & Schuster.

Eigen, H. (1971): Self−organization of Matter and the Evolution of Biological Macromolecules. In: Naturwissenschaften, 58, S. 465−523.

Eisenhower, D. D. (1954): Remarks at the Annual Conference of the Society for Personnel Administration. https://www.eisenhower.archives.gov/all_about_ike/quotes.html (abgerufen am 5. Mai 2017).

Erdmann, C. (2011): „One more thing": Apples Erfolgsgeschichte vom Apple I bis zum iPad (Apple Gadgets und OS). Munchen: Addison−Wesley Verlag (1. Auflage).

Farber, G. (1999): Mikroprozessoren, Vorlesungsskript SS '98. TU Munchen, Lehrstuhl fur Prozessrechner, Fakultat fur Elektrotechnik und Informationstechnik. Munchen: TU Munchen.

Faibourn, F. (1924): Patentnr. GB225711. GB.

Fiedler, F. (1977). Dialektischer und historischer Materialismus: Lehrbuch fur das marxistisch−leninistische Grundlagenstudium. Berlin: Dietz Verlag (4. Auflage).

Foster, R. N. (1986): Innovation. New York: Summit Books.

Foster, R. N., Kaplan, S. (2001): Creative Destruction: From "Built to Last" to "Built to Perform". London: Pearson Education Limited.

Fuller, B. (1988): Every Child Is Born a Genius. In: Children's Literature, Volume 9. The Johns Hopkins University Press.

Furr, N. (2011). Big Business … The End is Near: Why 70% of the Fortune 1000 Will Be Replaced in a Few Years. http://www.forbes.com/sites/nathanfurr/2011/04/21/big−business−the−end−is−near/#63d67a9874f b (abgerufen am 23. Februar 2016).

Gassmann, O., Frankenberger, K., Csik, M. (2013): Geschaftsmodelle entwickeln: 55 innovative Konzepte mit dem St. Galler Business Model Navigator. Munchen: Carl Hanser Verlag.

Glassmann, R. B. (1973): Persistance and Loose Coupling in Living Systems. In: Behaviorial Science, 18 (2),

S. 83−98.

Huther, G. (2009): Gelassenheit hilft − Anregungen fur Hirnbenutzer. Vortrag auf dem Know−How−Kongress am 23. September 2009. https://www.youtube.com/watch?v=MA8KJge3HDg (abgerufen am 3. Mai 2017).

Haanaes, K. (Juni 2015): Two reasons companies fail − and how to avoid them. https://www.ted.com/talks/knut_haanaes_two_reasons_companies_fail_and_how_to_avoid_them (abgerufen am 16. Mai 2017).

Haigh, T. (2006): Remembering the Office of the Future: The Origins of Word Processing and Office Automation. In: IEEE Annals of the History of Computing, 28 (4).

Haken, H. (1981): Synergotik: Nichtgleichgewichte, Phasenubergange und Selbstorganisation. In: Naturwissenschaften, 68, S. 293−299.

Hamberger, E., Pietschmann, H. (2015): Quantenphysik und Kommunikationswissenschaft. Freiburg/Munchen: Karl Alber.

Hamel, G., Prahalad, C. (1996): Competing for the future. Boston, Massachusetts: Harvard Business School Press.

Hennig, J. (1976): Ein Beitrag zur Methodik der Verarbeitungsmaschinenlehre. TU Dresden Diss. B.

Herr, G. (2015): Die Unlogik ist die Logik von Innovation: Wie Unternehmen durch anderes Denken zukunftsfahig werden. In: Innovation Management Support (1).

Herr, G. (2016): Innovation Excellence: Zukunftsfahigkeit erfordert Widerspruchslosungen − Innovation Leadership vs. Operational Excellence. In: Innovation Management Support (2).

Horx, M. (2011): Das Megatrend Prinzip. Munchen: Deutsche Verlags−Anstalt.

IT Times (2007): Deutschland liegt beim Internethandel zuruck. http://www.it−times.de/news/deutschland−liegtbeim−internethandel−zurueck−3538/ (abgerufen am 23. Februar 2016).

Johnson, M. W. (2010): Seizing the white Space − Business Model Innovation for Growth and Renewal. Boston: Harvard Business Press.

Kanterian, E. (2004): Analytische Philosophie. Frankfurt: Campus Verlag.

Kaplan, S. (2012): The Business Model Innovation Factory: How to stay relevant when the world is changing. Hoboken, New Jersey: John Wiley & Sons, Inc.

Kim, C. W., Mauborgne, R. (2005): Der blaue Ozean als Strategie. Munchen: Carl Hanser Verlag.

Koestler, A. (1964): The Act of Creation. London: Hutchinson of London.

Kotter, J. P. (2011): Leading Change: Wie Sie Ihr Unternehmen in acht Schritten erfolgreich verandern. Munchen: Verlag Franz Vahlen.

Kotter, J. P. (2012): Leading Change. Boston: Harvard Business Review Press.

Kraemer, T. (2001): Printing enters the Jet Age. How today's computer printers came to eject microscopic dots with amazing precision. In: American Heritage of Invention & Technology, 16 (4), S. 18−27.

Kuhn, T. S. (2012): The Structure of Scientific Revolutions. 50th Anniversary Edition (Bd. Fourth Edition). Chicago and London: The University of Chicago Press.

Leimbach, T. (2010): Die Geschichte der Softwarebranche in Deutschland − Entwicklung und Anwendung von Informations−und Kommunikationstechnologie zwischen den 1950ern und heute. Munchen: Universitatsbibliothek Munchen.

Linde, H. (1988): Gesetzmaßigkeiten, methodische Mittel und Strategien zur Bestimmung von Entwicklungsaufgaben mit erfinderischer Zielsetzung. Dresden: TU Dresden.

Linde, H. (2005): Mastering Strategic Innovations: Innovationsfuhrerschaft kontra Standortkrise: Innovation der Innovationsprozesse. 7. WOIS Innovations Symposium. Coburg: WOIS Innovation School, FH Coburg.

Linde, H., Herr, G. (2009): INNOWIS − Weltwettbewerb der Innovationsstrategien − Leadership durch Innovation der Innovationsprozesse − Wie Unternehmen Innovationen systematisch provozieren konnen. Proceeding Coburg Connecting Conference, 9. WOIS Innovations Symposium. Coburg.

Ludwig, K.−H. (1983): Chinesisch, getippt. Uber 4000 Schriftzeichen und ein elektronisches Tinten−Dusenschreibwerk − Vorbote einer neuen kulturellen Revolution. http://www.zeit.de/1983/30/chinesisch−getippt (abgerufen am 23. Februar 2016)

Luhmann, N. (2011): Organisation und Entscheidung. Wiesbaden: VS Verlag fur Sozialwissenschaften (3. Auflage).

Luhmann, N., Baecker, D. (2011): Einfuhrung in die Systemtheorie. Heidelberg: Carl−Auer−Systeme Verlag (6. Auflage).

Muller, J. (1990): Arbeitsmethoden der Technikwissenschaften. Systematik, Heuristik, Kreativitat. Berlin, Heidelberg: Springer−Verlag.

Malik, F. (2015): Strategie des Managements komplexer Systeme: Ein Beitrag zur Management−Kybernetik evolutionarer Systeme. Bern: Haupt Verlag.

Maslow, A. H. (2000): The Maslow Business Reader. John Wiley & Sons, Inc.

Maturana, H. R., Varela, F. J. (2009): Der Baum der Erkenntnis: Die biologischen Wurzeln menschlichen Erkennens. Fischer Taschenbuch (6. Auflage).

Meyer, J.−U. (2014): Innolytics(R): Innovationsmanagement weiter denken (Management Summary). Gottingen: BusinessVillage GmbH (1. Auflage).

Miller, J. G. (1978): Living Systems. New York: McGraw−Hill.

Moore, G. E. (1965): Cramming more components onto integrated circuits. In: Electronics, 38 (8), S. 114−117.

Morgan, A., Barden, M. (2015): A Beautiful Constraint: How to transform your limitations into advantages, and why it's everyone's business. Hoboken, New Jersey: John Wiley & Sons.

Mounier—Kuhn, P.—E., Chatlin, P. (1990): Deuxieme Colloque sur l'Histoire de l'Informatique en France (Bd. 2). Paris: Conservatoire National des Arts et Metiers.

Neubeiser, M.—L. (1993): Die Logik des Genialen: Mit Intuition, Kreativitat und Intelligenz Probleme losen. Wiesbaden: Gabler.

Nicolis, G., Prigogine, I. (1977): Self—Organization in Nonequilibrium Systems. New York: Wiley.

Nietzsche, F. (1899): Der Fall Wagner — Gotzen—Dammerung — Nietzsche contra Wagner — Der Wille zur Macht (I. Buch: Der Antichrist) — Dichtungen. Leipzig: Druck und Verlag von C. G. Naumann.

Nietzsche, F. (2015): Ecce Homo: Wie man wird, was man ist. Berlin: elv Verlag (1. Auflage).

O'Brien, K. J. (2010): Nokia's New Chief Faces Culture of Complacency. http://www.nytimes.com/2010/09/27/technology/27nokia.html?_r=4&hp& (abgerufen am 3. Februar 2016).

Ohm, H. J., Leifheit Aktiengesellschaft. (1995): Patentnr. EP0514561 B1. Europa.

Osterwalder, A., Pigneur, Y. (2011): Business Model Generation: Ein Handbuch fur Visionare, Spielveranderer und Herausforderer. Frankfurt am Main: Campus Verlag.

Pietschmann, H. (2000): Philosophische Grundlagen einer Ganzheitsmedizin. In: Marktl, W., Stacher, A.: Ganzheitsmedizin in der Zukunft: Bericht des 1. Zukunftssymposiums der Wiener internationalen Akademie fur Ganzheitsmedizin. Wien.

Pietschmann, H. (2002): Eris & Irene: Anleitung zum Umgang mit Widerspruchen und Konflikten. Wien: Ibera Verlag.

Pietschmann, H. (2009): Die Atomisierung der Gesellschaft. Wien: Ibera Verlag.

Pietschmann, H. (2017): Historischer Ruckblick zum mechanistischen Denkrahmen. Interview mit Gunther Herr am 12. Juni 2017.

Pink, D. (2009): The puzzle of motivation. https://www.ted.com/talks/dan_pink_on_motivation (abgerufen am 3. Mai 2017).

Plassmann, A. A., Schmitt, G. (2007): Das Entwicklungsstufenmodell nach Piaget. Lern—Psychologie. Universitat Duisburg—Essen. http://www.lern—psychologie.de/kognitiv/piaget.htm (abgerufen am 10. Mai 2017).

Plassmann, A. A., Schmitt, G. (2013): Surfaces and Essences: Analogy as the Fuel and Fire of Thinking. New York: Basic Books.

Prahalad, C., Bettis, R. A. (1986): The Dominant Logic: A New Linkage between Diversity and Performance. In: Strategic Management Journal, 7 (6), S. 485—501.

Reichel, R. (1984): Dialektisch—materialistische Gesetzmaßigkeiten der Technikevolution. Berlin: Urania.

Rosanoff, M. A. (1932): Edison in his laboratory. In: Harper's Monthly Magazine, S. 402−417.

Schmidt, E., Cohen, J. (2013): Die Vernetzung der Welt: Ein Blick in unsere Zukunft. Reinbek bei Hamburg: Rowohlt Verlag GmbH (1. Auflage, Heft 9).

Schmid, H.−J. (2008): Olympia und die Olympianer. Wilhelmshaven: Brune−Mettcker Druck− und Verlags−GmbH.

Schombert, J. (2004): Lecture 20, Relativity. Department of Physics, University of Oregon. http://abyss. uoregon.edu/~js/ast122/lectures/lec20.html (abgerufen am 9. Mai 2017).

Schopenhauer, A. (1851): Parerga und Paralipomena: Kleine Philosophische Schriften (Bd. 2). Berlin: A. W. Hayn.

Schrauber, H. (1981): Zur langfristigen Planung von Generationswechseln von Erzeugnissen. In: Mitteilungen zu wissenschaftlich−okonomischen Untersuchungen, 57, S. 42.

Schunk, W. (2017): WOIS−Systemmodell. Interview mit Gunther Herr.

Stephan, M. (2012): Methoden im Innovationsmanagement. In: Achatz, R., Braun, M.Sommerlatte, T.: Lexikon: Technologie− und Innovationsmanagement. Dusseldorf: Symposion Publishing.

Sutton, R. E. (2010): True leaders are also managers. https://hbr.org/2010/08/true−leaders−are−also−mangers (abgerufen am 3. Mai 2017).

Thiel, R. (2000): Die Allmahlichkeit der Revolution. Blick in sieben Wissenschaften. Selbstorganisation sozialer Prozesse Band 6. Munster: LIT Verlag.

Tomash, E. (1990): The U.S. Computer Printer Industry. Deuxieme Colloque sur l'Histoire de l'Informatique en France. 2, S. 287−315. Paris: Conservatoire National des Arts et Metiers.

vbw − Vereinigung der Bayerischen Wirtschaft e.V. (Hrsg.) (2009): Bayerns Zukunftstechnologien. Munchen: vbw − Vereinigung der Bayerischen Wirtschaft e.V.

Vittoratos, C., Schuler, M. (2012): Wigomat − eine Hommage an die erste Filterkaffeemaschine der Welt. http://wigomat.de/wigomat1a.html (abgerufen am 23. Februar 2016).

Watkins, A. (2013): Coherence. The Secret Science of Brilliant Leadership. London: Kogan Page Limited.

Weick, K. E. (1969): The social psychology of organizing. Reading, Mass.: Addison−Wesley Pub. Co.

Weick, K. E. (1985): Der Prozeß des Organisierens. (dt. Ubers.) Frankfurt: Suhrkamp Verlag.

Welsch, C. (2010): Organisationale Tragheit und ihre Wirkung auf die strategische Fruherkennung von Unternehmenskrisen. Wiesbaden: Gabler/GWV Fachverlage GmbH.

Werner, G. W., Dellbrugger, P. (2013): Wozu Fuhrung?: Dimensionen einer Kunst. Karlsruhe: KIT Scientific Publishing.

Wikipedia. (2017): Haus vom Nikolaus. https://de.wikipedia.org/wiki/Haus_vom_Nikolaus (abgerufen am 16. Juni 2017).